Selina Danisch – Die Innere Landkarte. Eine spannende Reise zu uns selbst.

Für meine drei Kinder

Selina Danisch

DIE INNERE LANDKARTE

EINE SPANNENDE REISE ZU UNS SELBST

Bibliografische Information der Deutschen Nationalbibliothek:
Die Deutsche Nationalbibliothek verzeichnet diese Publikation in der Deutschen Nationalbibliografie; detaillierte bibliografische Daten sind im Internet über dnb.dnb.de abrufbar.

Umschlaggestaltung, Umschlagbild, Grafik und Layout: Selina Danisch
Illustrationen im Buch: Selina Danisch
© Selina Danisch 2022
Alle Rechte vorbehalten.
Herstellung und Verlag: BoD - Books on Demand, Norderstedt
ISBN-13: 9783756224142

INHALT

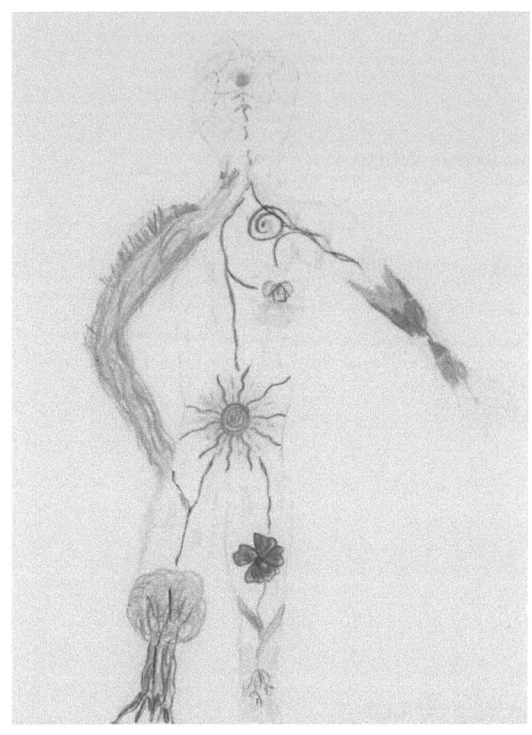

In diesem Buch lernen Sie Schritt für Schritt, wie Sie Ihre eigene „Innere Landkarte" erstellen Die Bilder von mir zu Beginn jeden Kapitels sollen dafür Inspiration und Anregung sein. Doch bevor es ganz praktisch losgeht, lassen Sie mich ein paar einführende Sätze dazu sagen.

EIN PAAR EINFÜHRENDE WORTE

Es war schon immer ein Wunsch von mir, ein Buch zu schreiben. Verschiedene Themen tauchten immer wieder auf, ergänzten sich, bis sich schließlich der Kern meiner Arbeit herauskristallisiert hat: „Die Innere Landkarte". Damit vereint das Buch alles, was ich in den letzten Jahren studiert, erfahren, angewandt, neu geordnet und überprüft habe. Es ist das Herzstück meiner Selbstständigkeit, die Kernaussage, die ich jedem/r meiner TeilnehmerInnen und KlientInnen mitgebe: *Es ist alles schon da, alles, was wir für unseren Weg benötigen, ist bereits in uns.* Doch da es eine „schwer erreichbare Kostbarkeit" ist, brauchen wir dafür manchmal etwas Hilfestellung. So vereine ich in meinem Buch verschiedene Ansätze, wie ich sie weiter unten noch beschreiben werde, um Sie auf vielen verschiedenen Ebenen zu Ihrem Potenzial, Ihrer „Inneren Landkarte" zu leiten. Jede dieser Methoden habe ich sowohl in meinem beruflichen als auch meinem privaten Leben als hilfreich erfahren und die Verbindung dieser Vielfalt vermochte mich immer noch weiterzuführen, als eine einzelne Methode für sich. Im Laufe der Zeit ist es für mich selbstverständlich geworden, die Ebenen zu wechseln und verschiedene theoretische Grundlagen miteinander zu verbinden – dadurch sind viele schwer verständliche Bilder, Symbole etc. klarer geworden und konnten auch meinen TeilnehmerInnen und KlientInnen zu mehr Klarheit verhelfen. Jede dieser Methoden spricht eine andere Ebene von uns an, in der Verbindung von allen können wir uns selbst ganzheitlicher erfahren und wahrnehmen. Alle Ansätze, die ich hier beschreibe, habe ich praktisch sowohl in der Therapie als auch in Seminaren erprobt und gute Erfahrungen damit gemacht. So hoffe ich, dass auch Sie als Leser/in meine Impulse für sich nutzen und auf IHREM Weg weiterkommen können.

Wegweisende Fragen:

Möchten Sie wissen, wie es sich anfühlt, wenn Sie auf Ihrem eigenen Weg sind? Die Zufriedenheit spüren, die sich einstellt, wenn Sie Ihrem Herzen folgen? Das geht nicht? Zu viele Erwartungen und Aufgaben, die im Alltag auf Sie warten? Was wäre, wenn es doch eine Möglichkeit gäbe, mehr Selbstbestimmung in Ihr Leben zu holen? Mehr Momente, in denen Sie sagen „Ich war ganz erfüllt und ganz bei mir!"?

Dieses Buch habe ich genau dafür geschrieben. In meinen Seminaren darf ich diese Momente, in denen meine TeilnehmerInnen aufhorchen und eine Verbindung zu sich spüren, immer wieder miterleben. Diese intensiven Momente möchte ich an Sie, liebe LeserInnen, weitergeben. Diese Momente, in denen wir uns ganz bei uns fühlen und mit uns in Verbindung und im Fluss sind, sind leider viel zu selten. Mit meinem Buch möchte ich dazu beitragen, dass Sie mehr von davon erleben.

Meine Arbeit ist geprägt von der Analytischen Psychologie sowie dem Tanz unter seinem Aspekt der Selbsterfahrung. Für unser Erleben der „Mitte" empfinde ich außerdem Focusing als sehr wichtig, welches aus der humanistischen Gesprächstherapie heraus von E. Gendlin entwickelt worden ist. Focusing sehe ich als Grundlage für die Selbstreflexion sowie für den Austausch in einer Gruppe. In meinen weiteren Ausführungen werde ich immer wieder auf die dahinter stehende Theorie und den Grundgedanken verweisen, so dass Sie nicht nur einen praktischen Leitfaden für sich und Ihren Weg, sondern auch ein festes Fundament haben, auf dem dieser steht.

In diesem Buch will ich Sie die „Innere Weisheit", wie ich sie verstehe und in meinen Seminaren vermittle, erfahren lassen. Dafür müssen Sie sich dem Nichtwissen anvertrauen, wie es u. a. im Authentic Movement praktiziert wird (dazu später mehr), sowie Ihre eigene Verletzlichkeit annehmen. Durch dieses Einlassen auf sich selbst nehmen wir mehr von uns und unserer Umwelt wahr, als es vorher der Fall war. Wir hinterfragen mehr und versuchen, hinter die Dinge zu sehen, anstatt alles als gegeben und selbstverständlich hinzunehmen. Es ist nichts „nichts als..." – das haben sowohl C. G. Jung als auch E. Gendlin immer wieder betont. Wir können die Wirklichkeit, unsere Wahrnehmung, nicht auf den Bruchteil reduzieren, der für uns erkennbar und verständlich ist. Im Gegenteil – so unterschiedlich wir in unserem alltäglichen Leben sind, so unterschiedlich sind auch unsere Psychen. Was für den einen stimmig ist, kann für uns selbst völlig falsch sein. Es gibt auf unserem Weg viel Unbekanntes. Dinge, Situationen etc., die uns unangenehm sind, Angst Machendes ebenso wie Hilfreiches. Beides zeigt sich auch in symbolischer Form.

Dieses Symbolische erfahren wir vor allem mit Hilfe der Analytischen Psychologie: Der Schatten bspw. ist auf den ersten Blick etwas Dunkles und Abstoßendes, kann aber verwandelt werden oder in einem anderen Licht gesehen werden, indem wir unsere Einstellung / Perspektive ändern. Die Weise Frau / der Weise Mann wiederum sind hilfreiche Archetypen, die uns auf unserem Weg zur Seite stehen können. Ich habe die Erfahrung gemacht, dass sie jederzeit ansprechbar sind, wenn wir offen für ihre Hilfe sind. Je klarer wir dabei sind, desto besser erreichen wir sie und desto klarer sind die Antworten bzw. Reaktionen. Mit Focusing wiederum können wir dieser symbolischen Ebene in uns selbst nachspüren und ihr eine Bedeutung für uns selbst geben. Diese vertiefte Auseinandersetzung mit uns selbst ist es, die uns auch in unserem Alltag hilft, bei unseren Handlungen und Entscheidungen auf uns selbst zu achten und möglichst auf unserem eigenen Weg zu bleiben, ohne den verschiedenen Ablenkungen und fremden Erwartungen zu folgen. Meist sind wir das nicht gewohnt, was sich wiederum in unserer Lebenszufriedenheit spiegelt.

Sowohl in meinem privaten als auch in meinem beruflichen Alltag begegnen mir häufiger als man annehmen mag Menschen, die mit ihrer Lebensgestaltung unzufrieden sind. Wenn sie das Glück haben, einen sie erfüllenden Beruf zu haben, engen sie die dort herrschenden Strukturen zusehends ein, äußere Verpflichtungen nehmen die verbleibende freie Zeit ein, so dass für sie selbst kein Raum mehr bleibt. Hinzu kommen dann noch Konflikte in der Familie und / oder Partnerschaft, zwischen KollegInnen und in anderen zwischenmenschlichen Beziehungen. Zudem scheinen viele Menschen Schwierigkeiten mit Entscheidungen zu haben. Sich zu entscheiden beinhaltet auch, zu etwas zu stehen, sich festzulegen und klar das eigene Bedürfnis auszudrücken. Das fällt vielen jedoch schwer, sei es, weil sie es nie gelernt haben oder weil sie in ihrem Leben schon oft erfahren haben, dass ihre Bedürfnisse nicht beachtet werden. Anstatt also bei sich selbst zu schauen, passen sie sich an die Erwartungen – und damit an die Bedürfnisse – der anderen an. Sich zu entscheiden bedeutet auch, zu allem anderen „Nein" zu sagen. Das fällt natürlich besonders schwer, wenn wir uns nicht sicher sind, was wir selbst wirklich wollen. Klarheit für uns selbst ist hier entscheidend wichtig. So kommen Menschen, denen diese Klarheit fehlt, regelmäßig in Entscheidungsnot, denn wer nicht gelernt hat, seine Bedürfnisse zu beachten, der hat keine Grundlage, auf der er / sie Entscheidungen treffen kann.

In meinen Seminaren, die ich regelmäßig an verschiedenen Bildungsinstitutionen für Erwachsene gebe, habe ich jedoch festgestellt, dass es meist nicht viel braucht, um scheinbar Festgefahrenes zu lösen und somit neue Ideen zu ermöglichen. Oftmals sind es alte Denkmuster, die bei der Umsetzung des Eigenen im Wege stehen. Das lässt sich selbstverständlich nicht von Heute auf Morgen ändern, aber der erste große Schritt ist bereits getan, wenn wir ganz bewusst und wertfrei unsere aktuelle Situation anschauen. Allein dadurch fallen uns mehrere Hindernisse auf, die schon lange so bestehen, unsere (Verhaltens-)Muster, wie wir zu sein und zu handeln haben. Gerade durch das bewusste Betrachten mit einer annehmenden Haltung, die erst einmal lediglich wahrnimmt, ohne etwas verändern zu wollen, sehen wir auch die Veränderungsmöglichkeiten. Sie sind genauso vorhanden, wie die Blockaden, die uns daran hindern. All unser Potenzial ist schon da, es braucht „nur" diesen Impuls von außen.

Diesen Impuls möchte ich Ihnen mit diesem Buch geben, wobei dieser für jede/n anders aussehen kann. Damit Sie sich ebenso wie alle anderen LeserInnen angesprochen fühlen, gebe ich immer verschiedene grundlegende Anregungen und Inspirationen, die Sie dann so anwenden können, wie es zu Ihnen passt. Sie werden in diesem Buch viele Übungen und praktische Hinweise finden, jeweils mit einer ausführlichen Erklärung und, wenn es angebracht erscheint, mit einer kurzen theoretischen Erläuterung zu den dahinterstehenden Grundlagen und Ansätzen. Die Übungen sind dabei so ausgewählt, dass Sie zu Ihrer jeweiligen Wegstation passen und Sie sich dadurch immer mehr Ihrer „Inneren Landkarte" erschließen können. Dazu erläutere ich meine Idee der „Inneren Landkarte", eingebettet in die grundlegenden Theorien, woraus sich mein Ansatz entwickelt hat. Durch dieses theoretische Fundament haben Sie die Möglichkeit, die eine oder andere Methode, die ich Ihnen vorstelle, zu vertiefen und gleichzeitig wissen Sie, worauf meine weiterführenden Gedanken beruhen.

Damit der Text jedoch nicht zu theorielastig ist und jede/r Leser/in auf der gleichen Grundlage mit dem Lesen und Einlassen beginnen kann, stelle ich hier zu Beginn die für mich wichtigsten Ansätze in sehr knapper und verdichteter Form vor.

Methodenübersicht

In diesem Buch werden Sie immer wieder von „Focusing", „Analytische Psychologie", „Tanz" etc. lesen. Damit Sie zum einen wissen, was diese Ansätze jeweils bedeuten und zum anderen, in welchem Kontext ich diese verwende, gebe ich vorab eine kurze Übersicht über alle verwendeten Methoden bzw. damit zusammenhängenden Begriffe. Wenn Sie in die Themen vertieft einsteigen wollen, empfehle ich Ihnen das Literaturverzeichnis.

FOCUSING

Eugene Gendlin hat das Focusing aus der Humanistischen Psychologie heraus entwickelt. In Forschungen hat er herausgefunden, dass es ein Merkmal gibt, welches eine erfolgreiche von einer weniger erfolgreichen Therapie unterscheidet. Es liegt in dem Klienten selbst begründet: Hatte dieser zu Beginn eine vage körperliche Vorstellung seiner Symptomatik, die er nicht ganz greifen konnte im Sinne von „... es ist wie... aber ich kann es nicht ganz fassen...", so verlief die Therapie gut. Dieses nicht Greifbare ist es, was E. Gendlin später den „Felt Sense" nennt – eine Ahnung davon, ob etwas stimmig ist oder nicht. Den Prozess dahinter nennt er Focusing. „Focusing nenne ich die Zeit, in der man mit etwas ist, das man körperlich spürt, ohne zu wissen, was es ist" (Gendlin in Stumm & Wiltschko & Keil, 2003, S. 117). Es ist das innere Gefühl von unserem Körper – wir sind unser Körper und können ihn von innen wahrnehmen. Im Focusing ist der von innen gefühlte Körper gemeint. Er reagiert in Wechselwirkung mit der Situation, die er zugleich ist. „Der Körper ist die Situation, und die Situation ist der Körper in dem Sinn, dass beides ineinander „enthalten" ist und sich wechselseitig kreiert" (Stumm, Wiltschko, Keil, 2003, S. 199).

Der Körper weiß von der Vergangenheit und kann den Schritt Richtung Zukunft fortsetzen (vgl. ebd.) – so, wie die Analytische Psychologie es der Seele zuschreibt. Aus dem Focusing übernehme ich vor allem dieses nach innen spüren als auch den Begriff „Freiraum" Den Freiraum schaffen wir uns zu Beginn des Focusings. Damit schaffen wir in uns Raum, um dem Felt Sense nachspüren zu können, ohne uns mit dem damit verbundenen Gefühl zu identifizieren. Der Felt Sense „weist auf etwas hin, das weitergetragen und fortgesetzt werden muss" (ebd.) Um den Felt Sense zu spüren und auch symbolisieren zu können, benötigen wir unseren Körper (vgl. ebd.). „Den Felt Sense[1] suchen Sie dort, wo Sie ohne Worte etwas wissen und in Ihrem Körper empfinden" (Gendlin, 2016, S. 108). Aus ihm kommt der Impuls zu etwas Neuem hin. Jeder neue Schritt bringt eine qualitative Änderung des Problems mit sich. Das Problem selbst bleibt von außen betrachtet das Gleiche, aber die Wahrheit in Bezug zu diesem ändert sich. „Focusing ist ein systematischer, wissender Weg, etwas Implizites sich öffnen zu lassen" (Gendlin, 1998, S. 169). Beim Focusing geht es vor allem darum, das, was in Ihrem

---

[1] Der Felt Sense erfasst und umfasst alles: Kopf und Gefühl (vgl. Renn, 2016, S. 237). Er ist ein umfassendes körperliches Gefühl, das Gesamte, was zu einer Situation / Person etc. in uns als Körpergefühl da ist (vgl. Gendlin, 2016, S. 54f).

Körper ist, anzunehmen, in einen Dialog damit zu treten und so einen Prozess der Selbstwahrnehmung in Gang zu setzen.

Empfohlene Literatur dazu:

Gendlin, E. (1998). *Focusing-orientierte Psychotherapie.* Pfeiffer: München.

Gendlin, E. (2016). *Focusing.* Rowohlt: Reinbeck bei Hamburg

Cornell, A. W. (2013). Die Kunst des Annehmens. Norderstedt: Books on Demand

Renn, K. (2016). Magische Momente der Veränderung. Was Focusing bewirken kann. München: Kösel.

ANALYTISCHE PSYCHOLOGIE

„In der Seele steht alles mit allem in Zusammenhang" (C. G. Jung, GW3, §58).
C. G. Jung ist derjenige, der das kollektive Unbewusste in die Psychotherapie eingeführt hat. In der Analytischen Psychologie werden Zusammenhänge zwischen Symptomen und persönlichen Bedeutungen sowie allen Menschen gemeinsamen Symbolen, Archetypen (Urbilder) und damit verbundenen Mythen und Märchen hergestellt. Im Zentrum steht das Selbst und die Individuation. Das Selbst ist sowohl unser Zentrum als auch der Teil, der alles von uns umfasst. Demgegenüber braucht es das Ich, um gestaltet zu werden und enthält dabei alle in uns angelegten Möglichkeiten wie ein Keim als wegweisendes Prinzip. Das Selbst ist die Ursache für die Selbstregulierung der Psyche. Die Individuation beinhaltet die Integration der unbewussten Anteile, vor allem auch der Schattenaspekte, wodurch der Mensch zu dem wird, der er ist. In diesem Buch ist die Analytische Psychotherapie die Grundlage, auf der ich alle Schritte aufbaue. Ihre Verbindung zu dem kollektiven Unbewussten gibt jedem Einzelnen einen spürbaren und tragbaren

Boden, von dem aus weitere Wege möglich werden. Sie ist der Rahmen, wenn es um unsere Struktur – unser Ich und seine Funktionen – geht und unsere Orientierungshilfe in der Auseinandersetzung mit unserem Schatten. Jung hat seine Ausführungen nicht als starres Konstrukt gesehen, sondern vielmehr als Unterstützung bei der Auseinandersetzung mit dem Unbewussten. Dabei soll sich der Mensch nicht an eine vorgefasste Theorie anpassen, sondern umgekehrt die Theorie an den lebendigen Menschen. Diese Grundhaltung zieht sich durch seine gesamte Psychologie. Diesen Ansatz verfolge ich auch in diesem Buch: Nicht meine Ausführungen sind für Sie ausschlaggebend, sondern das, was Sie daraus machen und wie Sie meine Anregungen umsetzen. Es geht darum, sich weiterzuentwickeln und Ganzheit anzustreben.

C. G. Jung sieht den Menschen dabei als ein „sich selbst regulierendes System", d. h., wir haben alles, was wir zu unserer Entwicklung benötigen schon in uns und auch wir sind es, die diesen Entwicklungsprozess anstoßen und weiter voranbringen können. Außenstehende können uns dabei unterstützen, aber nicht den Prozess an sich lenken oder steuern. Jung hat in seiner krisenhaften Zeit sowohl das Malen als auch die Imagination als heilende therapeutische Kraft entdeckt und diese genutzt, um zunächst sich selbst zu heilen und später auch, um seine Patienten zu therapieren (I. Riedel, Vortrag am 08. Mai 2015 in der Melanchthon-Akademie in Köln). Dementsprechend strebte er schon früh eine integrative Behandlung an, in der die analytischen Ansichten durch kreative Methoden und auch Mythen etc. ergänzt wurden. Aus der Analytischen Psychologie habe ich vor allem das Malen, die Aktive Imagination und die Arbeit mit Märchen übernommen. Die Imagination wie auch das Malen wirken direkt auf den Körper und regen somit einen Wechselprozess zwischen Körper und Seele an (vgl. Müller, L. und Müller, A.

(Hrsg.), 2008, S. 240). Auch grundlegende theoretische Aspekte werden immer wieder vorkommen, wie bspw. das Archetypenkonzept oder die Komplexe. Archetypen sind Urbilder, die jedem Mensch zu eigen sind und dabei Spiegel für individuelle Erfahrungen sein können. So beinhaltet der Baum als Archetyp u. a. Wachstum, Veränderung und auch Erdung. Doch wie wir uns davon berühren lassen, hängt von unserer eigenen Situation und Lebens-erfahrung ab. Komplexe[2] wiederum hängen eng mit unseren (oft frühesten) Erfahrungen zusammen. Ein Ereignis, das wir emotional sehr intensiv erlebt haben, schlägt sich in unserer Seele als Komplex nieder. An diese Erinnerung schließen sich ähnliche Erfahrungen an, so dass der Komplex dadurch stärker wird. Alle Menschen haben Komplexe, um gut damit umgehen zu können, ist es auch hier wichtig, dass uns diese und die damit verbundenen Themen bewusst sind. Welche Bedeutung diese beiden Aspekte für uns persönlich haben können, werde ich in dem jeweiligen praktischen Zusammenhang erläutern.

Empfohlene Literatur dazu:

Kast, V. (2007). Dynamik der Symbole. Düsseldorf: Patmos.

Stein, M. (2006). Landkarte der Seele, Düsseldorf: Patmos.

Müller, A. & Müller, L. (Hrsg.) (2008). Wörterbuch der Analytischen Psychologie.

---

[2] Komplexe berühren Inhalte, die emotional sehr bedeutsam für uns sind. Wiederholt sich so ein emotional aufgeladenes Ereignis immer wieder, lagern sich diese neuen Erfahrungen an den ursprünglichen Komplex an und erweitern ihn dadurch. Sie sind gespeicherte Lebenserfahrungen, die sich sowohl mit archetypischen Bildern als auch mit tatsächlich Erlebtem immer weiter anreichern. In ähnlichen Situationen werden sie immer wieder aktiviert. Jeder Mensch hat – lt. Jungscher Psychologie – Komplexe, sie gehören zu den normalen „Lebenserscheinungen der Psyche" (vgl. Jacobi, 1957).

Tanz

Tanz ist für jeden Menschen zugänglich. Wird der Tanz in den Alltag integriert, kann seine heilsame, kreative und inspirierende Wirkung erfahren werden. Im Tanz finden wir Ausgleich und Balance zwischen den beiden grundlegenden Polen des Lebens wie bspw. hell – dunkel, männlich – weiblich, positiv – negativ, etc.

Tanz(-therapie) hilft, den eigenen Weg wieder zu finden (wie es auch die Intention dieses Buches ist), er ist „Ausdruck des gesamten menschlichen Seins" und hilft bei der Nachholung unserer Entwicklungsschritte (Bender, 2020).

Tanzend erforschen wir uns selbst, tauchen ein in unseren Körper, nehmen neue Seiten an uns wahr und kommen mit unserem Unbewussten in Berührung. Der Tanz vermag es, uns zu öffnen – für unsere Emotionen, unsere blockierten Energien und Potenziale. Geben wir uns ihm hin, kann er uns ein neues Selbstbild schenken, uns helfen, uns selbst neu zu gestalten, neue Perspektiven zu entdecken und zu erforschen. So, wie wir uns bewegen, zeigt, wie wir uns auch im realen Leben bewegen. Den Bezug zu unserem normalen Alltag erhalten wir, wenn wir immer wieder innehalten und auf unsere aktuelle Situation schauen – wo im Leben bin ich auch so stark / weich / flexibel etc. wie meine Bewegungen im Tanz?

Dabei findet unser Tanz nicht nur in einem abgeschlossenen Raum statt, er kann vielmehr ein Sinnbild für unseren „Lebenstanz" sein, dafür, welche Haltungen wir annehmen und wie wir normalerweise auf gewisse Situationen reagieren. Im Tanz können wir verschiedene Haltungen ausprobieren und mit ihnen experimentieren. Durch den Tanz kann Ganzheit erfahren werden und als Tanzende erfahren wir uns als Teil der Schöpfung. Im Tanz werden Gefühle, Konflikte, Ängste etc. körperlich erlebt und angenommen, so dass es zu einer Erweiterung des (Lebens-) Raumes kommt. Dafür bedarf es jedoch des bewussten Reflektierens und somit der Verbindung von Körper und Bewusstsein (vgl. Müller, L. & Müller, A. (Hrsg.), 2008, S. 407f).

Über den bewegten Selbstausdruck kommen wir zu uns selbst. Tanz kann Heilung sein und Tanz kann uns ein besseres Gespür für uns selbst vermitteln, wenn wir dafür offen sind und die Impulse, die in unserem Körper aufsteigen, zulassen können. Der Tanz entsteht aus uns selbst, unserem aktuellen Körpergefühl heraus.

Aus dem Zusammenspiel von inneren Bildern und Bewegung ergibt sich unser individueller Tanz. Die Bewegungen selbst kommen dabei direkt aus unserem Körper, sind weder von uns bewusst gesteuert noch von außen vorgegeben. Dabei ist unser eigener Rhythmus wichtig. Den eigenen Rhythmus zu leben, können wir im Tanz lernen. Aus dem Tanz und der Tanztherapie sind facettenreiche Ansätze hervorgegangen. Für uns relevant ist vor allem die freie Bewegung aus uns selbst heraus (vgl. Adler, 2012), die Verbindung von unserem Tanz mit anderen Medien (Halprin, A. 2009 und Halprin, D., 2013) sowie das im Tanz erweiterte Spüren und Ausgestalten dessen, was jetzt in uns ist.

Der Tanz ermöglicht uns über den Körper einen vertieften Zugang zu unseren ganz persönlichen Themen. Er ist eine Schnittstelle zwischen der Analytischen Psychologie und unserem Körper. Über die Analytische Psychologie gehen wir in einen Dialog mit dem Unbewussten. Diesen Dialog führen wir im Tanz fort, so dass er seine Entsprechung in unserem Körper findet. Diesem Körpergefühl wiederum können wir in der Analytischen Psychologie nachspüren, in einem Bild oder einer Aktiven Imagination ausgestalten und dieses wiederum im Tanz erfahren. Symbole bekommen so eine ganz persönliche Bedeutung und dieses ganz Persönliche finden wir wiederum im Symbol auf kollektiver Ebene wieder.

Über den Tanz erreichen wir die unbewusste Ebene. Innere Bilder werden im Tanz erfahren und ausgestaltet. Tanz kann hier Struktur und Halt geben und uns helfen, das im Unbewussten Erfahrene zu gestalten. Ebenso wie die Analytische Psychologie, die die Tanzerfahrung symbolisch auffängt. Unterdrücken wir dabei unsere Gefühle, so unterdrücken wir damit auch die darin enthaltenen Energien, unsere Spontaneität und somit einen Teil von uns (vgl. Espenak, 1985, S. 12).

Um uns in Bewegung zu bringen, brauchen wir vor allem eines: einen festen Standpunkt und eine stabile Mitte. Ohne diesen kommen wir kaum in eine zielgerichtete Bewegung. Im Tanz brauchen wir einen festen Halt, wie es auch in der Analytischen Psychologie mit dem Ich-Bewusstsein deutlich wird. Unsere Füße und Beine müssen stabil sein, damit wir einen festen Stand haben, ohne umzukippen. Unsere Mitte muss dabei sowohl stabil als auch flexibel sein, damit wir dynamisch bleiben und dynamisch agieren können. Über das erlangte Körpergefühl dieser Balance und Ausgeglichenheit erlangen wir auch INNERE Balance und Ausgeglichenheit. Wichtig ist hier unsere Bereitschaft, uns den erforderlichen Veränderungen zu öffnen.

Tanz hilft uns, uns zu erden und zur Ruhe zu kommen und versorgt uns gleichzeitig mit neuer Energie. Doch wofür steht der Tanz? Warum taucht er immer wieder in unseren Märchen auf (wie wir später noch sehen werden)? Der Tanz bietet uns einen Spielraum, in dem potenzielle Möglichkeiten ausprobiert werden können, in welchem wir uns neu erfahren, neue Aspekte von uns entdecken und ausdrücken können. Dabei rückt unser Körper natürlicherweise verstärkt in den Vordergrund, was er in unserem Alltag normalerweise nicht ist. Wir nehmen uns somit ganzheitlich auf neue Weise

wahr. Nehmen wir uns im Anschluss an die Tanzerfahrung Zeit, uns und un
seren Tanz zu reflektieren, so sind wir in der Lage, uns dieses neue Erleben
zu eigen zu machen, es als uns zugehörig zu erfahren und somit auch die Änderung in unseren Alltag einfließen zu lassen.

Empfohlene Literatur dazu:

Bender, S. (2020). Grundlagen der Tanztherapie. Gießen: Psychosozial-Verlag.

Adler, J. (2012). Die Gabe des bewussten Körpers. Books on Demand.

Halprin, D. (2013). Was der Körper zu erzählen hat. München: Kieser.

KÖRPER

Von unserem Körper werden Sie in diesem Buch häufig lesen. So selbstverständlich er für uns ist, so haben wir doch meist keinen guten Zugang zu
ihm. Dieser Zugang zu unserem Körperwissen ist jedoch elementar wichtig,
wenn wir auf unserem Weg sein und bleiben wollen. Denn über ihn können
wir klare Entscheidungen treffen, die sich auf allen Ebenen gut anfühlen. Unser Körper enthält unsere ganze Lebensgeschichte, auch wenn uns Erinnerungen verloren gegangen sind, so sind sie über den Körper wieder erfahrbar. Wie bei einer Zwiebel können wir auf unserem Weg wir Schicht für
Schicht zu uns vordringen. Dabei haben jedes Körperteil und jedes Organ
eine ganz bestimmte Funktion. Ist etwas aus unserem Körpersystem aus
dem Gleichgewicht geraten, hat das sehr viel mit uns selbst zu tun.

Im Laufe des Buches – und unseres Weges – werden wir immer wieder die
körperliche mit der seelischen Ebene verbinden und dabei feststellen, wie
sehr sich beide gegenseitig bedingen. Im Focusing geben wir dem Körper
eine Stimme, in der Analytischen Psychologie wiederum erfahren wir ihn

symbolisch und im Tanz schließlich erleben wir uns ganz direkt körperlich. Für jede unserer Entwicklungen ist unser Körper unerlässlich. Umso wichtiger ist eine gute Beziehung zu ihm.

Unser Körperbild gibt uns einen Eindruck davon, wie wir uns selbst wahrnehmen, es bildet ab, wie wir uns in uns selbst fühlen. Wir können unseren Körper nicht getrennt von uns, unseren Wahrnehmungen und Gefühlen betrachten. Vor allem auch in der Verbindung mit der Analytischen Psychologie wollen wir die Körperwahrnehmung nicht nur spüren, sondern auch nach ihrem Sinn und ihrer Einbettung in unser Leben hin befragen. Dieser Aspekt wird besonders in dem Kapitel „Landkarte" wichtig, in welchem wir unsere Körperwahrnehmung mit inneren Bildern verbinden. Je tiefer unsere Vorstellung von unserem Körper ist, desto tiefer können wir in unser Erleben eintauchen. Unsere Körperhaltung wirkt auf unsere Psyche und umgekehrt. Unser Körper drückt aus, wie wir sind und durch unser Sein formen wir – unbewusst – unseren Körper. Verdrängung von Gefühlen wirkt sich auf die Atmung, die Haltung sowie den Körperbau aus, was die enge Beziehung zwischen Körper und Seele deutlich macht (vgl. Cantieni in Storch et. Al, 2006). Unser Verhalten und Körperausdruck sind bis in die tiefsten Schichten hinein miteinander verbunden (vgl. Todd, 2017).

Empfohlene Literatur dazu:

Todd, M. (2017). Der Körper denkt mit. Bern: Hogrefe

Hartley, L. (2019). Einführung in Body-Mind Centering. Bern: Hogrefe.

Storch, M. et al (2006). Embodiment. Bern: Huber

ATEM

In meinen Ausführungen werde ich auch öfter explizit den Atem erwäh-
nen. Wenn wir bspw. in eine Entspannung kommen wollen, hat es sich be-
währt, dass wir unsere Aufmerksamkeit offen und nicht regulierend auf unseren Atem lenken. Unser Atemrhythmus wird von unseren Emotionen,
aber auch unseren körperlichen Aktivitäten beeinflusst. Wir merken, wenn
wir „Aus der Puste" sind, die „Luft dünn oder dick" ist – doch oftmals merken wir viel zu spät, dass wir unseren Atemfluss immer wieder eingeengt
haben. Wenn wir nicht zulassen können, Angst vor möglichen Konsequenzen haben – dann wird unser Atem flach, unser lebendiger Rhythmus kaum
spür- und sichtbar und auch unser Körper wird dadurch schlechter mit Sau-
erstoff versorgt. Deswegen ist unser Atem so wichtig. Einfach zulassen, ohne
zu bewerten oder einzugreifen. Lassen wir unseren Atem fließen, kommt er
in seinen natürlichen Rhythmus. Durch unseren Atem wird unser Körper
spürbar mit frischer Energie versorgt. Wenn wir frei durchatmen können,
fühlen wir uns frisch und wach, Entscheidungen und Handlungen fallen uns
leichter, wir haben einen besseren Zugang zu uns selbst und können auch
unsere Gefühle klarer wahrnehmen. Verbinden wir uns mit unserem Atem,
können wir leichter unserem Lebensrhythmus folgen. Dafür können wir uns
unseren Atemfluss immer wieder achtsam bewusst machen, um mögliche
Atemblockaden rechtzeitig wahrnehmen zu können.

ZUSAMMENFASSUNG

Alle diese Methoden ergänzen einander bzw. überschneiden sich in ihren Ansichten, wobei der Fokus jeweils auf einem anderen Aspekt liegt. So bezieht auch C. G. Jung in seinen Ausführungen den Körper mit ein: „Die Seele ist das innerlich angeschaute Leben des Körpers und der Körper ist das äußerlich geoffenbarte Leben der Seele" (Jung in Müller, L. & Müller, A. (Hrsg.) (2008), S. 238). Schon früh sieht er motorische Störungen als Ausdruck seelischer Spannungen (vgl. Jung, GW3, 2011 / 1907, §1) und erkennt die Einheit zwischen sensomotorischer Aktivität und archetypischem Muster. Ähnliches kennen wir aus der Tanztherapie: Die körperliche Entwicklung des Neugeborenen wird als grundlegend für die physische und psychische Entwicklung sowie das weitere Leben gesehen: Die Bewegungsentwicklung ist mit seelischer Entwicklung verbunden (vgl. Hartley, 2019). Die Aussage aus der Tanztherapie, dass sich die Verdrängung von Gefühlen auf unsere Haltung niederschlägt, wird auch in der Analytischen Psychologie ähnlich aufgegriffen, indem erkannt wird, dass sich der Komplex wiederum auf den Körper auswirkt und dementsprechend körperlich gespürt wird. Auch im Focusing wird von der „Körperweisheit" gesprochen, der nachgespürt wird. Diese „Körperweisheit", die unsere Lebenserfahrungen speichert und immer mehr weiß und ausdrückt, als wir in Worte fassen können, kennen wir aus dem Tanz als Körperintelligenz (vgl. Brooks, 1991). „Der Körper drückt aus, was Worte nicht vermögen" (Graham, 1992). Denn im Tanz müssen Sie sich nicht zwangsläufig tanzend bewegen, vielmehr geht es darum, dass Sie in Ihren Körper hinein spüren, spüren, ob es Bewegungen gibt, die Sie ausführen möchten, wie sich Ihr Kontakt zum Boden anfühlt etc. Tanz bedeutet vor allem, eine bessere Verbindung zu Ihrem Körper herzustellen. Durch eigene

Bewegungen erhalten wir diese besser und direkter, als wenn wir vorgege-
bene Bewegungen ausführen.

Dass Körper und Seele nicht getrennt betrachtet werden und ihre gegen-
seitigen Auswirkungen für uns wichtig sein können, kennen wir somit aus
allen genannten Ansätzen. Beides ist wichtig und es ist wichtig, beides aufeinander zu beziehen und herauszufinden, wohin uns ein bestimmtes Symptom o. Ä. führen will. In der Analytischen Psychologie wird das Symptom
dementsprechend auch als Symbol gesehen, welches wiederum betrachtet
und bearbeitet werden kann. Durch die Analytische Psychologie verbinden
wir unser Unbewusstes mit unserem (Körper-) Bewusstsein. Dadurch erreichen wir nicht nur ein tieferes Verständnis von uns selbst und unseren
(Körper-) Symptomen, sondern können darüber hinaus Blockaden lösen
und bisher ungenutzte Potenziale und Ressourcen in unser Leben integrieren. Das geht bspw. über das Malen aus dem Unbewussten. Diese Form des
Malens ist eine von I. Riedel und C. Henzler entwickelte Methode und stellt
eine Erweiterung der Imagination dar: Im Bild gestalten wir das, was in uns
ist, unsere körperliche Wahrnehmung bekommt eine sichtbare Gestalt, die
oftmals Symbolisches miteinschließt (vgl. Riedel & Henzler, 2008). Indem
wir uns den Farben und unserem Bild offen zuwenden und aus unserem
(Körper-) Gefühl heraus malen, ohne bewusst zu steuern, berühren wir auch
die unbewusste Ebene. Dadurch kommt es zu einem Austausch zwischen
Bewusstsein und Unbewusstem, was unser Körperbild bereichert und erweitert. Es erhält dadurch eine tiefere Bedeutung, unsere Symptome machen plötzlich Sinn und erhalten den ihnen bestimmten Platz. Mit Hilfe von
Focusing lernen wir, ein Gespür für unseren Körper zu erlangen und auf
seine Botschaften zu hören. Lassen wir uns offen und wertfrei darauf ein,
berühren wir damit schon die unbewusste Ebene, welche wir mit Methoden

aus der Analytischen Psychologie sichtbar machen können. Unsere daraus entstandenen Bilder / Symbole geben uns Aufschluss über unsere individuellen Körperprozesse und helfen uns zudem, unser Verhalten neu zu verstehen. Dadurch greifen wir auf unsere vergangenen Erfahrungen zurück und legen gleichzeitig die nächsten Schritte für unsere Zukunft bereit. „Die erlebte Wirkung der äußeren Realität und der inneren Wirklichkeit sind untrennbar" (Renn, 2016, S. 257). Das, was wir im Inneren durch Bilder, Imaginationen etc. schaffen können, können wir auch im äußeren – unserem konkreten Alltag – erreichen.

Auf unserer gemeinsamen Reise in diesem Buch beginnen wir mit dem „Ich". Das „Ich" als Konzept ist hier hauptsächlich aus der Analytischen Psychologie entlehnt und die Grundlage für unsere weitere Arbeit. Ein stabiles „Ich" ist unerlässlich, um in die Tiefe zu gehen und sich mit sich selbst auseinanderzusetzen. Danach werden wir uns ausgiebig mit unserer „Inneren Weisheit" auseinandersetzen, dem Herzstück dieses Buches und der Motor, um unser Leben frei und kreativ zu gestalten.

In „Der Weg" erläutere ich anhand des Märchens „Allerleirau", welche Hindernisse und Hürden auftreten, aber auch, welche Lösungsmöglichkeiten sich zeigen können, sobald wir uns auf unseren eigenen Weg machen.

Die „Landkarte" erstellen wir ganz praktisch, ausführlich und individuell, so dass Sie eine gute Übersicht über Ihre eigene „Innere Landkarte" haben. Die beiden abschließenden Kapitel „Auf dem Weg bleiben" und „Anker" geben hilfreiche Unterstützungen und Transfermöglichkeiten, damit Ihr Prozess auch nach der Lektüre dieses Buches weiter vorangehen kann.

<u>Kleiner Hinweis für den Umgang mit diesem Buch:</u>

Alle Übungen wurden sorgfältig ausgewählt, damit Sie sich selbständig auf Ihren Weg machen und auch darauf bleiben können. Dabei kommen Sie in intensiven Kontakt mit sich, Ihrer Geschichte und Ihrem Körper. Gehen Sie also verantwortungsvoll mit allen Übungen um und seien Sie achtsam mit sich. Sollte etwas auftauchen, das Sie verunsichert, ängstigt o. Ä., dann brechen Sie die Übung sofort ab und kommen Sie wieder ganz im Hier und Jetzt an.

Wenn Ihnen bekannt ist, dass es Lücken in Ihrer Erinnerung gibt, Sie traumatische Erfahrungen oder Ähnliches hatten, dann nehmen Sie vorher am besten mit einem professionellen Therapeuten (bzw. einer professionellen Therapeutin) Kontakt auf und klären Sie mit ihm / ihr gemeinsam, ob Sie die Übungen aktuell – allein oder in Begleitung – durchführen wollen oder damit warten, bis Sie sich innerlich stabiler und bereit dafür fühlen. Sprechen Sie mit ihm bzw. ihr darüber, so dass Sie sich sicher und gut begleitet fühlen. Manchmal ist es uns nicht bewusst, dass etwas Schreckliches geschehen ist. Sollte bei Ihnen unvorbereitet eine traumatisierende Situation auftauchen, dann brechen Sie die Übung ebenfalls sofort ab und kommen Sie wieder im Hier und Jetzt an. Bewegen Sie sich, nehmen Sie bewusste Atemzüge, trinken Sie etwas. Vielleicht hilft es Ihnen, mit jemandem, dem Sie vertrauen oder sogar mit einem Experten / einer Expertin über Ihr Erlebnis zu sprechen.

Wichtig bei allen Übungen ist immer, dass Sie auf sich achten und ehrlich Ihre Stabilität einschätzen: Bin ich bereit, mich mit mir auseinanderzusetzen und dabei ggf. auch dunkle Anteile / Zeiten / Erfahrungen wieder zu erinnern / erleben? Nur, wenn Sie das ehrlich mit „Ja" beantworten können, sollten Sie sich auf diese Übungen einlassen.

Angst und Zweifel dagegen sind hinderlich auf unserem Weg zu uns selbst. Sollten diese vorherrschen, so nehmen Sie sich vorab die Zeit, um sich mit diesen Ängsten, Zweifeln etc. auseinanderzusetzen. Dadurch haben Sie eine gute Grundlage, um mit ihrer Reise zu beginnen, ohne dass Sie von vornherein von ihnen bekannten Themen blockiert ist.

Jetzt bleibt mir nur, Ihnen viel Freude bei der Lektüre und bei dem Entdecken Ihrer eigenen „Inneren Landkarte" zu wünschen.

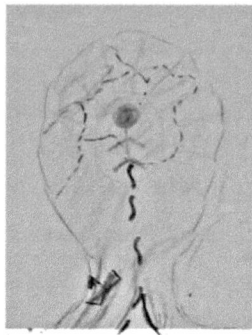

In diesem Kapitel geht es darum, wo wir jetzt stehen, um unser Bewusstsein und unser Ich – um all die bewussten Gedanken, die wir uns schon gemacht haben – und wie wir von hier aus losgehen können. Viel Spaß bei dem erstellen Ihrer ersten Markierung in Ihrer „Inneren Landschaft".

Hier ist Platz für Ihren eigenen „Ausgangspunkt".

ES GEHT LOS

Um losgehen zu können, ist es wichtig zu wissen, wer ich jetzt wo bin und wo ich überhaupt hinwill. Welche Geschichte bringe ich mit, wie erlebe ich mich? Wie ist mein Leben bisher verlaufen, was habe ich erlebt? Wie zufrieden bin ich jetzt und was möchte ich ändern? Wo stehe ich? Von welchem Standpunkt aus mache ich mich auf den Weg?

„Ich" meint all das, was uns als Menschen ausmacht. Es umfasst die Art, wie wir in der Welt sind, sowie mit uns und unseren Mitmenschen umgehen. „Ich" hat sehr viel mit Grenzen zu tun: Wie bin ich innerhalb meiner (Körper-)Grenzen? Wie bin ich im Austausch mit meiner Umwelt? Wie fühlt es sich an, wenn meine Grenzen verletzt werden oder umgekehrt ich – unbewusst bzw. unbedacht - in den Bereich eines anderen eindringe? Diese Fragen bringen uns zu dem, was wir über uns kennen und wissen. Unser Ich ist das Zentrum unseres Bewusstseins, der Teil von uns, mit dem wir über uns selbst nachdenken und reflektieren können. Wir nehmen es oft als Verstand wahr, es ist jedoch weit mehr, als nur unser Verstand, insofern es auch mit unserem Körper und all den damit verbundenen Empfindungen eng verbunden ist. Dieses „Ich" ist insofern ein abstrakter Begriff, da wir selbst es sind und wir es somit nicht objektiv wahrnehmen können. Denn sobald wir versuchen, unser „Ich" zu begreifen, ist es in dem Moment nicht da – „Ich" ist immer Subjekt (vgl. Stumm, Wiltschko und Keil, 2003, S. 171). Wir können unser „Ich" jedoch auf der Metaebene umkreisen – durch Bilder, Imaginationen oder eben unseren Körper.

Meist machen wir uns viel zu wenig Gedanken darüber, wer wir sind. Wir leben in unserem Alltag, gehen unseren Aufgaben nach und wundern uns

irgendwann, wie schnell die Zeit vergeht. Um wieder bei uns ankommen zu
können, hilft es, immer mal wieder innezuhalten und Abstand vom Alltags-
geschehen zu gewinnen. Dafür sind kleine „Mini-Pausen" ausreichend, in denen wir kurz durchatmen, unseren Blick achtsam schweifen lassen und unsere Wahrnehmung auf uns lenken. Integrieren wir diese kurzen Achtsam-
keitspausen in unseren alltäglichen Rhythmus, haben wir dadurch einen guten Anker, an dem wir uns orientieren können. Wenden wir uns selbst zu, so
können mehr Erinnerungen auftauchen und vielleicht treten Aspekte unserer Persönlichkeit wieder zutage, die wir verloren glaubten. Hepper be-
zeichnet diesen Prozess in „Ins Nichtwissen eintreten" sehr anschaulich: Sie
beschreibt den Weg, den wir gehen, als ein Abtragen von Schichten. Es ist alles schon da und je weniger (Bewegungs-) Vorgaben es gibt, desto wichtiger
wird das „Gefäß" – unser Körper - und „Formloses findet eine Form" (vgl.
2018). Wenn wir uns für das „Abtragen der Schichten" entscheiden, bedeutet das, dass wir unseren Blick intensiver auf uns lenken, uns auch körperlich intensiver wahrnehmen. Bei all unseren Schritten ist unser Körper immer mit dabei – über ihn gelangen wir an Vergangenes, aber mit ihm können wir auch das neu Gewordene gestalten. Deswegen ist eine gute Beziehung zu unserem Körper so wichtig (mehr zu dem Zusammenspiel von Körper und Selbstentwicklung in den Kapiteln „Auf dem Weg bleiben" und „Anker"). Die Bedeutung des Körpers hat schon C. G. Jung ausgedrückt:

„Der Körper nämlich gibt der Persönlichkeit die
Beschränkung" (C. G. Jung, 1946, §503).

Wenn wir am Anfang unseres Weges stehen, kommt es uns vielleicht so vor, als reisten wir mit sehr viel Gepäck, gefüllt mit unseren Erfahrungen und Erinnerungen, wovon wir manche vielleicht gerne hinter uns lassen würden. Diese Erlebnisse gehören zu uns und sind auch wichtig, doch müssen wir sie deshalb nicht mühevoll mit uns herumtragen, wir können vielmehr einen sicheren Ort in uns finden, an dem wir sie aufbewahren und jederzeit wieder anschauen können. Im Focusing wird das „Freiraum schaffen" genannt: Bevor wir uns einem Felt Sense (oder einem Problem, Körpergefühl etc.) zuwenden, schaffen wir Freiraum in uns, indem wir alle Themen, die jetzt da sind, an die Seite stellen. Wir schauen sie uns an, verpacken sie ggf. und ordnen sie in dem für uns richtigen Abstand um uns herum an. Manches wollen wir vielleicht ganz nah bei uns haben, anderes wiederum weit weg. Das eine Thema wollen wir vor uns sehen, die anderen an der Seite von uns haben und wieder andere hinter uns – der Phantasie sind hier keine Grenzen gesetzt. Deutlich wird, dass Sie mit Ihren individuellen Themen auf Ihre Art verfahren können, sie bei sich behalten können – da jedes davon Teil Ihrer (Lebens-) Geschichte ist – ohne sich jedoch davon erdrücken und überwältigen zu lassen. Sie können mit Ihren Erfahrungen und Erinnerungen sein, ohne dass diese jetzt einen bestimmenden Einfluss auf Sie haben.

Damit Sie diesen Freiraum ganz praktisch selbst erfahren können, gibt es hier den ersten Praxis-Einschub. Diese Übungen sollen Ihnen helfen, meine Ausführungen leicht selbst zu erfahren.

Freiraum schaffen (in Anlehnung an Focusing)

Schaffen Sie sich im Inneren Raum, um auch im Außen neuen Raum erkunden zu können. Dazu gehört, dass Sie von Ihren Themen innerlich Abstand nehmen, damit diese auch im Außen keinen Einfluss mehr auf Sie haben.

Nehmen Sie sich vor der Übung bewusst Zeit, schaffen Sie sich einen äußeren Freiraum, in welchem Sie nicht gestört werden.

Setzen Sie sich hin und verändern Sie Ihre Position so lange, bis Sie in einer angenehmen Haltung sind. Schließen Sie die Augen und nehmen Sie sich,
Ihre Erfahrungen / Erinnerungen / Themen wahr. Vielleicht entsteht ein inneres Bild dazu... Nehmen Sie jedes Thema, das sich zeigt, schauen Sie es an,
fragen Sie sich, ob Sie es bspw. in eine Kiste, Truhe o. Ä. packen wollen oder
ob es so, wie es ist, beiseite gestellt werden soll. Spüren Sie dann nach, wo
Sie dieses Thema (Erinnerung, Erfahrung etc.) gerne hätten: Welche Entfer-
nung ist angenehm? Möchten Sie es direkt im Blick haben oder ist es Ihnen
lieb, wenn Sie es nur halb oder gar nicht sehen können? Ist das Thema an
seinem richtigen Platz, verfahren Sie mit allen anderen ebenso, bis vor
Ihnen ein Freiraum entstanden ist. Nehmen Sie ein paar tiefe Atemzüge und
lassen Sie diesen Freiraum auf sich wirken...

Wie fühlt es sich an, diesen freien Raum vor sich zu haben? Gibt es ein
Thema (Erfahrung / Erinnerung etc.), welchem ich mich jetzt zuwenden
will? Kann ich all meine Themen um mich herum stehen lassen, OHNE mich
ihnen zuzuwenden?

Nehmen Sie sich im Anschluss etwas Zeit, um Ihre Erfahrung zu reflektieren. Es hat sich als hilfreich erwiesen, diese zu notieren (oder auch zu skizzieren / malen). Dadurch kommt ein Prozess in Gang, der das innerlich Erlebte auf eine bewusstere Ebene hebt, so dass Sie es zum einen immer wieder neu anschauen und reflektieren können, zum anderen ist der Schreibprozess an sich aber auch eine Erweiterung dieser Erfahrung, die sich nonverbal in Ihnen ereignet hat.

Diese kleine Übung sollte Ihnen helfen, einen inneren Freiraum zu finden, der wichtig ist, damit wir uns auf unserem Weg nicht von vornherein von unseren „Altlasten" blockiert fühlen und zum anderen konnten sie dadurch die Erfahrung machen, dass diese gesammelten Erinnerungen etc. Sie jetzt nicht mehr bestimmen. Sie gehören zu Ihnen, aber sie sind nicht leitend für Ihr Jetzt. Für den Weg selbst haben wir keine Vorgaben, wir müssen uns auf uns selbst verlassen und erfahren uns dabei mit jedem Schritt als unseren Halt, wenn wir nicht weiterwissen. Indem wir uns auf den Weg machen, verändern wir uns und formen uns sozusagen selbst. E. Willke beschreibt es in „Tanztherapie" so, dass der Körper sich durch den Prozess der Selbstwahrnehmung und der Rückmeldung an den Körper immer wieder selbst erschafft (vgl. 2020, S. 305). Ähnlich habe ich es für unseren Weg beschrieben: Durch unsere Schritte, unser Nachspüren und Reflektieren, ob wir hier richtig sind, ob es sich stimmig anfühlt, entsteht der Weg sozusagen unter unseren Füßen. Er entsteht, indem wir ihn gehen. Es ist unser ganz persönlicher Weg, den so vorher noch niemand gegangen ist. Dementsprechend aufregend und ungewohnt ist es, auf ihm zu gehen und dementsprechend wichtig sind wir und unsere Selbstreflexion, mit der wir immer wieder herausfinden, ob sich dieser Weg unter unseren Füßen noch gut anfühlt. Das Schöne daran ist, dass wir ihn immer wieder neu gestalten, neue Pfade finden oder auch an einem besonders schönen Ort verweilen können.

Durch diesen ersten Prozess der Selbstbesinnung wird viel Energie freigesetzt. Um diesen frei gewordenen Energien ein Gefäß, ihnen Raum und Struktur zu geben, bieten sich verschiedene Methoden wie bspw. Malen, Focusing etc. an, die wir nach und nach erkunden werden. Die Vorstellung davon, wie wir uns von INNEN anfühlen, gibt uns Struktur und Halt. Das äußere ist das, was andere und wir teils, bzw. im Spiegel ganz, sehen, das innere jedoch ist das, was ausschließlich wir spüren. Es ist etwas ganz Eigenes, was nur uns gehört. Dementsprechend ist unser Selbstbild und damit zusammenhängend auch unsere Ich-Stärke mit unserem Körper eng verbunden. Unser Gefühl für uns selbst gibt uns die Kraft und Stärke, um unser Ich aufzubauen und stabil zu sein. Wir brauchen den inneren Halt, um zu wachsen und uns zu entwickeln. Wir lernen über die Bewegung, woran unser ganzer Körper beteiligt ist (vgl. L. Hartley, 2019, S. 65). Bewegung gibt uns Halt und Sicherheit, sie ist die Struktur, die uns auffängt und an der wir uns orientieren können. Über die Bewegung kommen wir mit dem Raum um uns herum und mit unserer Umwelt in Kontakt – bewegend und berührend erfahren wir die Welt mit unserem ganzen Körper.

Doch um Ihre „Innere Weisheit" wirklich erfahren zu können, müssen Sie wirklich auf allen Ebenen erfahren und erkundet haben, wer Sie sind und vor allem, wie stabil Sie letztendlich sind. Nur Sie können entscheiden, ob es jetzt an der Zeit ist, in die eigene Tiefe zu gehen und herauszufinden, welche Energie in Ihrem tiefsten Inneren ist. Dabei wissen Sie nicht, was Sie erwartet, ein unerforschtes Neuland liegt vor Ihnen. Nur eines können Sie sich sicher sein: Sich selbst, wie Sie sich jetzt und hier wahrnehmen. Diese Verbindung zu Ihnen selbst geht Ihnen nicht verloren, sie wird auf Ihrem Weg noch stärker werden. Oftmals haben wir in unserem Leben Strukturen und Strategien entwickelt, um gerade nicht mit unserem Kern in Berührung zu kommen. Zu viel Schmerzhaftes ist damit verbunden, zu viel Emotionen, die gehalten werden wollen. Sind Sie bereit dafür? Bereit, sich von Ihren alten Sicherheiten, die Sie festhalten, zu lösen? Um die Antwort in sich selbst zu finden, schlage ich Ihnen vorab eine Übung vor:

„Bin ich bereit?"

In dieser kleinen Übung geht es um das Erspüren Ihres Ichs, so, wie Sie sich jetzt wahrnehmen.

Setzen Sie sich bequem hin, schließen Sie, wenn Sie mögen die Augen, folgen Ihrem Atem und verweilen Sie eine Weile so mit sich. Lenken Sie Ihre Aufmerksamkeit zunächst auf Ihren Köper:

Wo und wie sitzen Sie... Nehmen Sie Ihre Auflageflächen auf dem Stuhl wahr... Wieviel Gewicht geben Sie an die Lehne, die Sitzfläche, den Boden ab? Wo fühlen Sie sich entspannt, wo eher verspannt?

Gehen Sie mit Ihrer Aufmerksamkeit langsam zu Ihrer Mitte (Das muss nicht die konkrete Körpermitte sein, spüren Sie nach, wo Sie Ihre Mitte wirklich fühlen und nehmen Sie wahr, welche Empfindungen, Bilder, Gefühle etc. hier auftauchen...

Stellen Sie sich jetzt sich selbst vor, Ihren Weg, der vor Ihnen liegt... Lassen Sie sich Zeit, bis die Bilder auftauchen, ohne etwas erzwingen... Nehmen

Sie Ihr (Körper-)Gefühl wahr... Was spüren Sie? Welche Gerüche, Geräusche, Worte, Assoziationen, Farben etc. tauchen auf? Verweilen Sie bei diesem inneren Bild...

-Sind Sie bereit, den nächsten Schritt zu machen? Wie fühlt sich das an?

-Konnten Sie sich wahrnehmen, Ihren Ausgangspunkt klar sehen und nachfühlen?

-Haben Sie erfahren, wie es ist, wenn Sie sich jetzt auf den Weg machen?

-Vielleicht haben Sie alles ganz bildhaft vor sich gesehen und möchten diese inneren Bilder in äußeren Bildern gestalten oder auch Ihr inneres Erlebnis schriftlich festhalten bzw. kurz skizzieren.

Diese Übung gibt Ihnen ein Gefühl dafür, was Sie aktuell alles ausmacht und hat Ihnen vielleicht eine erste Ahnung davon vermitteln können, wie es ist, wenn Sie in direktem Kontakt zu sich selbst sind. Diesen Inneren Dialog werden wir im Laufe des Buches immer mehr vertiefen. Sich etwas vorzustellen, hilft uns zum einen, ein konkretes Bild davon zu erhalten, zum anderen haben wir dann unser Ziel klar vor Augen, wir wissen, wie es sich anfühlt, was sich dafür ändern muss, wie wir selbst dann sind, uns verhalten etc. Dieses Erfahrungswissen ist für uns im Alltag enorm wichtig. Indem wir uns dieses Bild immer wieder vor Augen führen, gleichen wir uns auch in unserem Alltag daran an. Mit der Zeit wird durch diesen inneren Prozess der Abstand zwischen unserer Wunschvorstellung und unserem konkreten Alltag immer geringer.

DER SCHATTEN GEHÖRT DAZU

Der Ausgangspunkt ist die erste Hürde. Hier stellen wir fest, wer wir jetzt sind, wo wir stehen und wo wir hinwollen. Es geht darum, unsere Lebensgeschichte wahrzunehmen und zu begreifen. Wir sind aufgefordert, hinzuschauen und zu erkennen, wie wir gerade sind, welche Wegstrecken wir zurückgelegt und wie wir uns dabei verändert haben. Es ist der Blick in die Tiefe, der gefordert wird und der uns Angst macht. Dabei ist es nicht die Tiefe, vor der wir Angst haben müssen. Oft macht uns das am meisten Angst, was wir nicht kennen. Doch:

„Ohne Not verändert sich nichts, am

wenigsten die menschliche Psyche" (C. G. Jung, 1934, §293).

Es ist der Schatten, von dem in diesem Buch noch öfter die Rede sein wird. Der Umgang mit unserem Schatten verändert auch unser Ich. Wir müssen unseren eigenen „dunklen" Anteile annehmen, um ganz zu werden. Diesen Prozess werden wir in dem Kapitel „Auf den Weg machen" anhand eines Märchens genauer beleuchten. Unsere Schattenseiten sind nur destruktiv, wenn sie abgespalten sind, und so negativ, wie wir den Schatten mitunter sehen, ist er gar nicht. Vielmehr beinhaltet er ein großartiges Potenzial, das uns durch diverse Verknüpfungen und Verknotungen unserer Lebensgeschichte nicht zugänglich ist. Natürlich müssen wir dafür auch das Dunkle akzeptieren – es ist ein Teil von uns und unserer Menschlichkeit. Doch auch wenn der Schatten jedes Einzelnen individuell und in seiner Tiefe einzigartig ist, so haben wir dennoch alle die Möglichkeit, unseren Schatten zu erhellen, ihn sichtbar zu machen und zu erkennen - was wiederum der erste Schritt für die darauffolgende nötige Integration ist. Unser Schatten ist wichtig und notwendig, er sorgt für den nötigen Ausgleich, hält die verdrängten

Anteile bereit, ohne dass sie komplett verschwunden sind und ermöglicht Entwicklung oft überhaupt erst (vgl. V. Brasch, 1981). In den hier versammelten, verdrängten und abgespaltenen Anteilen können sich Verhaltensweisen, Persönlichkeitsaspekte, verloren geglaubte Erinnerungen und Gefühle etc. finden, die jetzt für unsere Situation hilfreich sind. Ohne den Schatten wären sie verloren.

Doch wie gelangen wir an den Schatten und wie können wir ihn konstruktiv nutzen, ohne in ihm unterzugehen? Wir begegnen unserem Schatten oft in anderen. In all dem, was wir ablehnen, zeigt sich unser Schatten – die Aspekte, die wir von uns selbst verdrängen, nicht sehen und nicht wahrhaben wollen. Fragen zur weiteren Auseinandersetzung mit unserem Schatten können z. B. sein: Welche Aspekte lebe ich nicht? Was spalte ich ab? Unser Schatten zeigt sich auch in unseren Träumen – als Schattenschwester bei der Frau und als Schattenbruder bei dem Mann verfolgt und ängstigt er uns. Doch blicken wir ihr / ihm ins Gesicht, verliert sie / er das Bedrohliche und wir können ihr / ihm offen begegnen. Im Märchen erkennen wir unseren Schatten oft in den Anteilen, die wir ablehnen. Wollen Sie also Ihrem Schatten näher kommen, dann ist es ratsam, sich all das genauer anzuschauen, was Sie absolut ablehnen und von sich weisen. Fragen Sie sich dabei immer wieder, was hat das mit Ihnen zu tun hat. Vergessen Sie nicht: Wir tragen alle BEIDE Pole in uns. Den Schatten zu erkennen, das bewusst machen und die Integration des Schattens gehören zu unserer Entwicklung dazu. Im Schatten finden sich nicht nur dunkle Anteile, sondern auch Ressourcen und Potenziale, die nicht gelebt werden durften wie Kreativität, Wildheit, Freiheit etc. Was wir gestalten – im Bild oder auch im Tanz – macht weniger Angst als das Verdrängte. Je mehr wir verdrängen, desto größer wird die

Angst; je bewusster wir hinschauen, desto kleiner wird die Angst. Um das selbst zu erfahren, können Sie folgende Übung ausprobieren:

Dem Schatten sanft begegnen

Märchen helfen uns, uns komplexen Menschheitsthemen zu nähern. Sie sind verdichtete Erzählungen, die die Essenz dessen enthalten, was wir als Menschen alle in unserem Leben erfahren. Die Märchen sind voller Symbole und Magie, wobei für jede/n die verschiedenen Themen individuell anders aussehen. So können wir auch unseren persönlichen Schattenthemen im Märchen begegnen. In jedem Märchen können Sie einem Aspekt Ihres Schattens begegnen. Wählen Sie spontan ein Märchen aus – vielleicht eines aus Ihrer Kindheit, was Sie schon immer mochten, was bei Ihnen Fragen ausgelöst hat oder das Sie noch nie mochten. Es kann natürlich auch ein Ihnen bisher unbekanntes Märchen sein – lassen Sie sich von Ihrem ersten intuitiven Gefühl leiten. Lassen Sie das Märchen zunächst auf sich wirken, genießen Sie den Zauber und die Vielfalt und fragen Sie sich im Anschluss, was davon Sie besonders ablehnen, wo Sie innerlich einen Widerstand spüren, was Sie überhaupt nicht mit sich selbst in Einklang bringen können. Notieren Sie sich oder malen Sie im Anschluss auf, was Ihnen aufgefallen ist: Wie wirkt das Märchen allgemein auf Sie? Welche Aspekte finden Sie abstoßend, nicht schön oder einfach nicht ansprechend? Diese Themen sind es vermutlich, die Ihr persönliches Schattenthema enthalten. Nehmen Sie dieses jetzt einfach zur Kenntnis, ohne hier weiter vertiefend darauf einzugehen – wenn Sie das Gefühl haben, es ist Zeit, sich dem Thema näher zuzuwenden, lesen Sie das Märchen erneut und prüfen die Wirkung auf Sie – so kommen Sie Ihrem Schatten Schritt für Schritt näher und Sie können jedes Mal neu entscheiden, welche Aspekte Sie integrieren wollen....

Für eine weitere Schattenarbeit ist es hilfreich, wenn Sie sich Ihr individuelles Thema anschauen und nachprüfen, was es mit Ihnen / Ihrem Leben zu
tun hat, ob Sie sich jetzt damit auseinandersetzen wollen und ob Sie Aspekte
davon bei sich selbst erkennen können, ohne dass es Ihnen in Ihrem Alltagsleben bewusst wäre. In einem weiteren Schritt kann der vorher abgelehnte
Anteil integriert werden, so dass dieser jetzt auch mit leben darf. Das geht
besonders gut im Tanz, der so etwas wie ein Probehandeln ist und durch
den Sie neue Aspekte spielerisch und kreativ ausprobieren können, ohne jedoch gleich ernste Konsequenzen zu erwarten. Beim Gestalten eines Bildes
ist es ähnlich, auch hier können Sie sich frei ausprobieren, doch fehlt hier
die aktive körperliche Beteiligung. Im Anschluss können Sie dann wieder
Schritt für Schritt prüfen, was davon Sie wirklich in Ihrem Alltag umsetzen
wollen.

In den folgenden Kapiteln werden wir immer wieder Möglichkeiten erfahren, auch den dunklen Aspekten in uns näher zu kommen und sie zu beleuchten. Hier geht es zunächst darum, wahrzunehmen, was JETZT ist, wie
Sie JETZT sind – in Ihrem ganzen Aspekt. Dazu sind sowohl Offenheit als
auch die Bereitschaft nötig, sich auf sich einzulassen und sich so, wie man
jetzt ist, zu akzeptieren sowie bereit zu sein, möglicherweise etwas zu sehen, was vorher erfolgreich verdrängt wurde. Doch wie zuvor beschrieben
heißt das nicht, dass etwas „Schlimmes" auftauchen muss – im Gegenteil, oft
erkennen wir mehr von unserem uns innewohnenden Potenzial. Doch das
Unbekannte macht wie gesagt Angst, weswegen wir uns davor immer wieder verschließen. Auch in meinen Seminaren erlebe ich, dass der ehrliche
und offene Blick auf sich selbst, auf das, was jetzt ist, am Schwersten ist. In
diesem „Jetzt" ist sowohl Zukunft als auch Vergangenheit enthalten – als

(Körper-)Erinnerung sowie als Wunsch- bzw. Zielvorstellung. Und doch geht es um den Augenblick, um das, was JETZT da ist, was wir JETZT mitbringen.

Damit Sie erfahren können, wie leicht sich das Einlassen auf sich selbst anfühlen kann, habe ich hier nochmal eine praktische Anregung, die Ihnen zugleich den Einstieg in den Ausgangspunkt erleichtern soll:

Stehen und Atmen

Diese Übung erscheint recht simpel, führt uns aber direkt in die Tiefe, indem sie uns zeigt, wie wir gerade in unserem Leben stehen, wie sicher wir auch in uns sind, welchen Zugang wir zu uns und unser (Körper-)Gefühl haben:

- o Stellen Sie sich aufrecht hin
- o Schließen Sie die Augen
- o Atmen Sie entspannt in Ihrem Rhythmus
- o Fühlen Sie dabei der Energie nach

Experimentieren Sie mit offenen und geschlossenen Augen: macht es einen Unterschied?

- ➢ Wie geht es Ihnen damit?
- ➢ Wie ist Ihr Stand?
- ➢ Tauchen Gefühle / Innere Bilder auf?
- ➢ Wie geht es Ihnen JETZT?
- ➢ Welches Bedürfnis ist jetzt in Ihnen?

⇨   Wenn Sie mögen, nehmen Sie sich im Anschluss etwas Zeit, um dem nachzuspüren, sich Notizen zu machen
und mit den vorherigen Übungen zu verbinden.

An diese sehr einfache Übung bin ich durch C. W. Brooks – „Sensory Awa-
reness" (vgl. 1991, S. 27ff) - gelangt und immer wieder über ihre Wirkung
erstaunt. So schlicht sie ist, so effektiv führt sie uns doch zu uns selbst und
direkt zu unserem aktuellen Standpunkt. Den können wir nutzen, um einen
ersten Kontakt zu uns selbst und unserem inneren (körperlichen) Befinden
herzustellen.

ATEM – FLUSS DES LEBENS

Um dieses Erleben von sich selbst zu vertiefen, können wir unserer Atmung als Ausdruck unseres Lebens folgen (vgl. Schoop, 1981, S. 75). Bewusstes Atmen schafft Distanz und Ordnung (vgl. Hoffmann, 1993, S. 130).
Der Atem ist Ausdruck des lebendigen Rhythmus von Wandel und Wieder-
kehr (vgl. Hartley, 2019, S. 20). Unsere Atmung begleitet uns immer, unser
Leben lang. Doch sind wir ihrer meist nicht bewusst. Oft atmen wir flach, geben uns selbst nicht genügend Raum und Luft, was sich in einem subtilen
Unwohlgefühl bemerkbar macht. F. Reichelt bringt sogar den Atem mit unserem Selbst in Verbindung: „mit der Energie des Atmens wird der Kern des
Selbstvertrauens gestärkt" (vgl. 1993, S. 8). Unser Atem begleitet uns unser
Leben lang. Er ist der Schlüssel zu Selbsterkenntnis und Wachstum sowie zu
unseren tiefsten Gefühlen und Bedürfnissen (vgl. ebd. S. 12).

Besonders in der Bewegung nehmen wir unsere Atmung wahr, hier meist
als Anstrengung. Doch sobald wir unseren natürlichen Atemfluss mit unseren Bewegungen verbinden, werden wir plötzlich weit und frei. Mit der

Atmung ändert sich auch unser Bewegungsmuster: Schaffen wir innerlich mehr Platz, nehmen wir uns auch im Außen mehr Raum, was zunächst in unseren raumgreifenden Bewegungen deutlich wird. Durch die analytische Psychologie und die moderne Neurobiologie wissen wir, dass wir das, was wir uns imaginativ vorstellen können, auch im realen Leben erreichen können. Im Body-Mind Centering wird davon ausgegangen, dass wir bestimmte Bewegungsentwicklungen durchlaufen, mit Hilfe derer wir unseren Platz in der Welt und in unserem Leben finden. Für uns persönlich bedeutet es, dass wir über die Imagination / Phantasie etc. etwas Neues in unseren Alltag einladen können. Spüren wir diesen inneren Bildern dann sogar noch körperlich nach und setzen sie in Bewegung um, so ermöglichen wir diesem Neuen damit, Form anzunehmen und unseren Alltag zu bereichern. Erfahren wir über unseren Körper neue Bewegungen und nehmen dadurch auch neue Räume / Raumebenen ein, so erleben wir das auch in unserem konkreten Alltag. Wir nehmen diese Änderung an unseren Bewegungen, unserem Selbstbild, unserem Verhalten und auch an unserer anderen – erweiterten – Empfindung wahr. Unsere bewusste Atmung kann uns damit sowohl zu uns selbst als auch zu einem authentischen Kontakt zur Außenwelt führen.

Durch die „Steh-Übung" kommen wir in Kontakt mit unserem Atem und werden uns unseres individuellen Atemflusses bewusster. Doch nicht nur unseren Atem, sondern auch unseren eigenen Rhythmus und unsere Grundstimmung nehmen wir mit bewusster Achtsamkeit wahr. Indem wir durch die Steh-Übung den Fokus auf uns lenken und uns nicht mehr von dem äußeren Treiben ablenken lassen, können wir wieder deutlicher wahrnehmen, in welchem natürlichen Tempo wir uns aus uns selbst heraus bewegen würden: ist es eher schnell oder langsamer als gewöhnlich? Wir lernen, wieder auf die feinen Impulse zu hören, die sonst durch den Alltagsstrudel allzu schnell überhört werden. Dadurch sehen wir uns anders und klarer, als wir das normalerweise tun. Lassen wir diese Impulse wirken, ohne ihnen gleich nachzugehen, erkennen wir, welche ungenutzten Ressourcen in uns schlummern. Wir müssen sie jetzt noch nicht aktiv nutzen, es reicht, dass wir sie wahrnehmen und sie dadurch ein Stück weit in unser Bewusstsein heben. So können wir durch diese einfache Steh-Übung Klarheit bekommen und uns selbst aus einer anderen Perspektive wahrnehmen. Wir kommen zur Ruhe und können ganz bei uns ankommen, wie es auch die Bewegungslehrerin und Tänzerin K. Delakova für sich und ihre Arbeit nutzt (vgl. 1991, S. 51). Dadurch erfahren wir unser eigenes Tempo und gelangen so auch in einen ersten Kontakt mit unseren Ressourcen. Den eigenen Rhythmus zu finden und zu leben ist wichtig für unser Wohlbefinden und hilft uns, unsere eigene Struktur zu erkennen, in ihr Sicherheit zu finden sowie nach ihr zu leben.

INNERER UND ÄUßERER STANDPUNKT

Über die Steh-Übung können Sie leicht feststellen, wie Ihr Stand aktuell ist. Nicht nur ganz konkret, im Hier und Jetzt, körperlich, sondern auch symbolisch, in Ihrem Leben, emotional: Wie bewegt sind Sie? Wie fest / stabil / verwurzelt ist Ihr Stand? Wo zieht es Sie hin? Sehen Sie ggf. einen Weg, eine Landkarte vor Ihrem inneren Auge? Wie C. G. Jung in seinen Gesammelten Werken schreibt, muss man für die Entfaltung der Persönlichkeit den eigenen Weg **bewusst** wählen (vgl. 1934, §296). Indem Sie sich also bewusst auf Ihren eigenen Weg einlassen, stoßen Sie damit unvermeidlich eine Entwicklung an – nicht nur kommen Sie auf Ihrem Weg weiter, sondern Sie ändern sich auch auf diesem Weg.

Doch BEVOR wir uns auf den Weg machen, müssen wir wissen, wo wir JETZT stehen. Um das möglichst ganzheitlich herauszufinden, ist die Übung wichtig. Wir müssen ein Gefühl dafür haben, was uns ausmacht, was uns wichtig ist. Um die Übung noch weiter auszuführen, können Sie ein kurzes Brainstorming machen:

- o   Wer bin ich
- o   Was macht mich aus
- o   Was ist mir wichtig
    - ⇨   Notieren Sie sich alles, was Ihnen zu „Das bin ich" einfällt

Schauen Sie sich im Anschluss Ihre Notizen an, ohne zu bewerten. Achten Sie dabei auf Ihr unmittelbares Körpergefühl: Ist es stimmig? Sind das Sie? Passt es zu Ihnen? Unser Körper weiß immer mehr, als wir in dem Moment bewusst erfassen können. Es lohnt sich, wieder mehr auf ihn zu hören, es uns zu eigen zu machen, auf unsere Körperwahrnehmung zu achten. Denn oftmals schätzen wir Situationen falsch ein, weil wir sie rein rational erfassen. Zurück bleibt dann der Eindruck, nicht alles abgewogen zu haben, etwas übersehen zu haben – darauf weist uns unser Körpergefühl in der jeweiligen Situation hin. Im Laufe des Buches werde ich u. a. mit Hilfe von Focusing und Tanz immer wieder etwas zu unserer Körperweisheit sagen.

Um das Ganze, was Sie ausmacht, konkret körperlich zu erfahren, können Sie jetzt die anfängliche Steh-Übung mit Ihren Gedanken zu sich bereichern: Stellen Sie sich wie zu Beginn hin und schließen Sie die Augen: Ist Ihr Stand sicher oder wackelig? Was bewirkt es in Ihnen, wenn Sie sich jetzt Ihre Notizen anschauen? Macht es einen Unterschied, wenn Sie die Augen öffnen? Wie ist es, wenn Sie von hier aus vorwärts gehen? Wie ist Ihr

Gang? Schnell, fest, federnd, leicht...? Ist es IHR eigener Rhythmus oder nehmen Sie andere Einflüsse wahr? Spüren Sie nach, ob es etwas in Ihnen, körperlich, verändert, wenn Sie sich bewusst machen, was Sie gerade jetzt ausmacht. Manchmal kann es sein, dass wir unseren eigenen Rhythmus in der
Hektik des Alltags verlieren und ihn erst im Innehalten dessen wieder finden. Das Gehen aus unserem Stand heraus hilft, unseren eigenen Rhythmus
wieder zu finden. Hier können Sie nachspüren, wie es sich für Sie am besten
geht – womit Sie sich sicher und stabil fühlen, aber auch, was aus Ihrem inneren Impuls her Ihr Tempo ist. Vielleicht fühlen Sie sich im Schnellgang sicher, spüren aber in sich das Bedürfnis nach einer weicheren, entspannte-
ren Gangart. Hier sind Sie eingeladen, zu experimentieren und auszuprobieren, welcher Gang und welcher Rhythmus zu Ihnen gehört.

Vielleicht haben Sie im Anschluss Lust, Ihre Erfahrung in einem Bild oder
Symbol festzuhalten. Sie können dieses Gefühl für sich selbst auch körperlich oder durch eine Geste / einen bestimmten Ausdruck verankern. Dieses
Ineinandergreifen verschiedener Medien wird im Tanz oft und gerne genutzt. Es ermöglicht, über die körperliche Erfahrung hinaus das Erleben zu
vertiefen und in einen erweiterten Zusammenhang zu stellen. Ihr Bild gibt
Ihnen über die körperliche Erfahrung hinaus Aufschluss darüber, was aktuell wichtig für Sie ist, in welche Richtung es Sie zieht und wie gut Ihr Kontakt
zu Ihrem Unbewussten – Ihrer tieferen Schicht - ist. Unsere Bilder sind ein
Ausdruck dessen, was IN uns ist - in unserem Zusammenhang eine Erweiterung Ihres Stehens und Gehens - es zeigt unsere momentane Ausrichtung
an. Unsere Bilder zeigen uns, in welche Richtung es für uns weitergehen
kann, welcher nächste Schritt konkret ansteht. Damit sind sie sehr nah am
Focusing. Im Focusing-Prozess geht es genau darum, dass wir aus dem Körperwissen heraus den nächsten Schritt erhalten.

Diese kleine Übung vermittelt einen ersten Eindruck sowohl von meiner Vorstellung der „Inneren Weisheit", als auch von meiner Arbeitsweise. Seit über 10 Jahren arbeite ich mit der Analytischen Psychologie C. G. Jungs und empfinde die tiefergehende Sicht der Dinge als sehr bereichernd für unser Leben. Vor etwa 5 Jahren habe ich begonnen, den Tanz als Selbstausdruck sowie als Möglichkeit, mich selbst direkter zu erfahren und zu spüren, dazu zu nehmen. Dieser intensive und körperliche Aspekt bereichert seitdem meine Arbeit. Indem wir tanzen, verkörpern wir uns, wie wir jetzt sind, mit all unseren Emotionen, unserem ganzen Sein. Dadurch entstehen häufig innere Bilder. Vielleicht kommt uns plötzlich eine bestimmte Farbe in den Sinn, wir fühlen uns vom Wind bewegt, meinen, das Meer zu unseren Füßen zu spüren oder auch die weiche Erde, in die wir uns hineingraben – all das entstammt unserem Unbewussten und enthält neben persönlichen Bedeutungen oft auch einen archetypischen[3] Kern. Das Meer bspw., das bei jedem von uns sofort ein ähnliches inneres Bild hervorruft und doch bei jedem etwas ganz anderes auslöst und somit andere Erinnerungen, Sehnsüchte etc. beinhaltet, die in diesem Archetyp ausgedrückt sind. Malen wir diese Bilder nun im Anschluss an unseren Tanz, so verbinden wir uns damit über die körperliche mit der unbewussten Ebene, gestalten sie farbig aus und machen sie dadurch sicht- und greifbar. Durch das Bild können wir zum einen immer wieder auf unsere Erfahrung zurückgreifen, zum anderen haben wir dadurch einen unmittelbaren Ausdruck unserer Innenwelt. Auf das Malen aus dem Unbewussten gehe ich später nochmal vertieft ein, an dieser Stelle ist die Verbindung zwischen der Analytischen Psychologie C. G. Jungs und

---

[3] Archetypen: Jedem Menschen innewohnende Urbilder; Sie bilden die Struktur, die von jedem Menschen anders ausgefüllt wird

dem Tanz wichtig und ausreichend. Mit der Erweiterung der „Steh-Übung"
sind wir von der bewussten (Brainstorming), über die körperliche (Gehen /
individuelle Bewegung) zur unbewussten (Bild) Ebene gelangt. Auch wenn
sich die Ebenen natürlich vermischen, zeigt dieses Vorgehen doch deutlich,
wie wir bewusst Kontakt mit einer der Ebenen aufnehmen und damit wei-
terverfahren können, so dass am Schluss ein Ganzes entsteht, was uns wiederum auf allen Ebenen anspricht. Diese Vorgehensweise werde ich in dem
vorliegenden Buch immer wieder aufgreifen. Die Verbindung aller Ebenen
ist mir wichtig, nur so können unsere inneren Veränderungen nachhaltig
auch in unseren Alltag transferiert und integriert werden.

Bleiben wir bei unserer Übung: Was empfinden Sie, wenn Sie Ihr Bild betrachten? Stimmt es mit Ihrem Brainstorming, mit Ihrem Empfinden im
Tanz überein? Ist es IHR Bild – drückt es aus, was Sie jetzt, in diesem Moment, ausmacht? Können Sie das bejahen, dann haben Sie sich damit Ihren
Ausgangspunkt erarbeitet. Das ist die Grundlage, von der aus Sie sich auf
den Weg machen können. Es ist unser fester Halt, ein Standpunkt, von dem
aus weitere Wege erkundet werden können. So ein fester, sicherer Standort
ist wichtig – zu ihm können wir immer wieder zurückkehren, wenn wir uns
verlaufen haben oder mitten auf dem Weg spüren, dass wir auf dem fal-
schen Weg unterwegs sind. Deswegen ist der Ausgangspunkt so wichtig, er
ist bestimmend für unser Ausgangspotenzial, für unsere Stimmung, mit der
wir uns auf den Weg machen und damit auch richtungweisend, wie unser
Weg verlaufen wird. Unser Ausgangspunkt zeigt uns, wie fest geerdet wir
momentan sind und wie es uns möglich ist, zu wachsen sowie in die Tiefe als
auch vorwärtszugehen. Wir werden immer wieder zu ihm zurückkehren,
wobei er sich im Laufe unseres Weges auch ändern kann. Und doch ist er

immer unsere innere Sicherheit, unser Rückzugsort und Anhaltspunkt, von dem aus wir unsere Reise antreten können.

ICH – WER ODER WAS IST DAS?

In der Analytischen Psychologie wird hierbei von „Ich-Bewusstsein" oder „Ich-Komplex" gesprochen. Das Ich ist hier der Repräsentant unseres Bewusstseins. Dabei wird von „Ich-Komplex" gesprochen, was nichts anderes heißt, als dass alle Themen, die mit „Ich" zu tun haben, daran anhaften, so dass es einen gesamten Themenkomplex zu „Ich" gibt, der immer wieder aktiviert werden kann. In der Analytischen Psychologie wird das Ich als „Aspekt der Ganzheit des Selbst" gesehen Das Ich ist ein zentraler Komplex, der eng mit dem Bewusstsein verknüpft ist und zugleich tiefe Wurzeln im Unbewussten hat. Das Ich hat „welt-schöpferische Funktion" und vermittelt dabei zwischen Innen und Außen (vgl. Müller & Müller, 2008, S. 181). Auf die schöpferische Funktion gehe ich in dem Kapitel „Anker" näher ein, dass die Vermittlung zwischen Innen und Außen und damit auch unsere Grenzen wichtig sind, erläutere ich weiter unten.

„Ein Ich, als das angeblich und fiktiv Allerbekannteste,

ist in Wirklichkeit ein Tatbestand, der unergründliche

Dunkelheiten in sich schließt" (Jung in Müller & Müller, 2008, S. 181).

Auch wenn wir selbst eigentlich der Mensch sein müssten, den wir am meisten und besten kennen, ist es oftmals gar nicht so leicht, klar auszudrücken, wer wir eigentlich sind, was alles zu uns gehört und was ganz und gar nicht Teil von uns ist. Eine wichtige Rolle spielen hier auch die Grenzen: Wo höre ich auf und wo fängt der andere an? Dazu gehört auch, wieweit ich andere in meine Grenzen hinein lasse, über mich verfügen lasse und ob es mir schwer oder leicht fällt, diese eigenen Grenzen nötigenfalls zu verteidigen. Auch hierbei kann uns unser Körper helfen: Sobald uns jemand berührt, hat er unsere Körpergrenze erreicht. Das kann schön und gewünscht sein, wie z. B. in einer intimen Beziehung, oder auch unerwünscht, wenn uns bspw. jemand nicht liebevoll, sondern eher dirigierend in eine Richtung drängt. Wir sind alle in einem größeren Sinn verbunden und beeinflussen uns gegenseitig mehr oder weniger. Wir sind nicht getrennt von unserer Umwelt, unser Verhalten hängt mit der Gesellschaft zusammen, in welcher wir leben. So dynamisch wir mit anderen agieren, so flexibel sind auch unsere Grenzen. Sie können sich je nach Person und Situation ändern und anpassen. In der Analytischen Betrachtungsweise wirkt hier unsere Persona[4] als natürlicher Schutzschild. Mit ihr orientieren wir uns in der Gesellschaft und nehmen fließend unsere jeweiligen Rollen ein ohne uns dabei selbst zu verlieren. Gelingt das nicht mehr so flexibel und werden wir in unseren Rollen starr, so wird aus der schützenden Persona eine einengende Maske.

Ein Gewahrsein für „Ich" – körperlich, mental, seelisch – ist bedeutsam, um einen festen Ausgangspunkt zu haben. Nur, wenn wir wissen, was wir wollen, können wir es auch erreichen. Hierbei spielen unsere Bedürfnisse eine wichtige Rolle, wofür die Gewaltfreie Kommunikation von M. Rosenberg ein ganzes Konzept erarbeitet hat, das vor allem die Kommunikation mit anderen erleichtern soll. Das Erkennen der eigenen Bedürfnisse erleichtert aber zunächst vor allem den Dialog mit uns selbst. Wenn wir wissen, was unser tiefstes Bedürfnis ist, dann verstehen wir auch unser Handeln besser. Damit können wir nachvollziehen, warum wir in manchen

---

[4] Persona: Das Gesicht, das wir der Umwelt zeigen. Sie ist wie die verschiedenen Rollen, die wir spielen, flexibel und dabei mit dem Selbst verbunden.

Situationen scheinbar übertrieben reagieren. Diese tiefen Bedürfnisse und unsere Reaktion darauf berühren einen Aspekt der Analytischen Psychologie: Die Komplexe. Komplexe entstehen bei besonders emotionsgeladenen Situationen. Jedes weitere Ereignis, das dieser Situation ähnelt, lagert sich um diesen Komplex herum an und verstärkt ihn dadurch. Sobald dieser dann wieder in einer ähnlichen Situation angesprochen wird, ist unsere Reaktion dementsprechend rational unverständlich: Der Komplex hat in diesem Moment die Oberhand gewonnen und unser Ich an die Seite gedrängt. Deswegen ist es so wichtig, sich selbst und seine innersten Beweggründe immer klarer zu erkennen. Da wir jedoch nicht nur einen, sondern mehrere Komplexe haben – was völlig normal und menschlich ist – interagieren diese auch miteinander. Handeln wir aus so einem Komplex heraus, dann ist unser Verhalten oft irrational und schwer nachvollziehbar. Dadurch fällt es uns noch schwerer, ein klares Bild von uns selbst mit all unseren Schattierungen zu bekommen. Hier möchte Ich nochmal daran erinnern, dass stets beide Pole in uns angelegt sind: Hell und Dunkel. Zum einen liegt es in unserer Lebensgeschichte, zum anderen in unserer Persönlichkeit begründet, wie wir damit umgehen. Gerade unsere Komplexreaktionen können uns also sehr viel über uns sagen: Sie zeigen uns unseren „blinden Fleck" und stoßen uns genau auf das, was uns bei anderen entweder besonders positiv oder negativ auffällt, wir bei uns selbst jedoch nicht wahrnehmen. Nur in der Auseinandersetzung mit uns selbst, dem bewussten Hinsehen, gelingt es uns, diese „dunklen Flecken" nach und nach zu enthüllen. Der Ausgangspunkt ist dabei besonders wichtig, da er all das enthält, was wir bis jetzt erlebt und erreicht haben, wie wir damit umgehen, welches Verhältnis wir zu uns haben – kurz: Wie wir geworden sind. Unsere Bedürfnisse zeigen uns wiederum zum einen, wo wir hinwollen, was wichtig für uns ist und zum anderen, in welchen Bereichen wir noch nicht das erreicht haben, was bedeutsam für uns ist, wo wir noch nicht wirklich angekommen sind. Mit diesem umfangreichen Überblick über „Ich" haben wir eine gute Grundlage, von der aus wir uns in Bewegung setzen können.

Ein stabiles Ich ist wesentlich, damit wir uns überhaupt auf den Weg machen können. Diese intensive Auseinandersetzung mit dem Ausgangspunkt ist wichtig, um unseren aktuellen Standpunkt zu klären. Dadurch bekommen wir ein besseres Gespür für all das, was uns ausmacht. Zugleich ist es wichtig, dass wir über unser Ich nicht nur Kontakt mit der Umwelt, sondern auch mit unserem Unbewussten aufnehmen. Es ist der Schnittpunkt sowohl zur Außen- als auch zur Innenwelt. Hier kommt alles an und wird verarbeitet. Das bedeutet auch, dass unsere Wahrnehmung eingeschränkt ist und wir nur einen sequentiellen Ausschnitt der Wirklichkeit wahrnehmen, so dass es DIE Wirklichkeit an sich nicht gibt: es gibt immer mehr als das, was wir erfassen können. Zum anderen sind wir in der Lage, bspw. durch die Aktive Imagination über unser Ich Kontakt zu unserem Unbewussten aufzunehmen. Es besteht ein beständiger Austausch zwischen der Umwelt, unserem Bewusstsein und dem Unbewussten. Sind wir uns dessen einmal bewusst geworden, fällt es uns auch leichter, diesen Austausch aktiv zu unterstützen und zu leiten.

FREI FLIEßENDE UND VERBINDENDE ENERGIE

Wir können aus einer bewussten Entspannung heraus einen Dialog mit unseren unbewussten Anteilen führen und sie so bewusst machen, sogar in unser Ich-Bewusstsein integrieren. Können wir diese Verbindung weitestgehend durchgängig aufrechterhalten, so kann unsere Energie frei fließen, wir fühlen uns dadurch erfrischter und wacher als vorher. Dieses erfrischende

Gefühl kennen wir aus dem Focusing. Im Focusing zeigt dieses „frische Gefühl" das Neue an, das sich zeigt, wenn wir unserer inneren, unbestimmten Stimmung nachspüren. Sind wir offen dafür, ohne bewusst zu lenken, so können wir dieses „Unbestimmte" besser greifen und uns somit die Energie dieses Neuen zuführen. In der Analytischen Psychologie wird diese psychische Energie „Libido" genannt (bitte nicht mit dem von Freud geprägten Begriff verwechseln, der rein sexuell gemeint war). Kann unsere Libido also frei fließen, dann fühlen wir uns ausgeglichen. Unser Bewusstsein und unser Unbewusstes sind in Balance, ohne dass es ein Ungleichgewicht gibt, das zu Blockaden, Verspannungen etc. führt. Im Tanz, in der Bewegung, spüren wir das ganz direkt: Kann unsere Energie frei fließen, sind wir viel beweglicher. Wir können mehr Gefühl in der Bewegung und aus der Bewegung herauszulassen, welches wir sonst vielleicht unterdrücken oder wegschieben würden. Im Tanz wird u. a. genau daran gearbeitet: die feinen Knoten, die unsere Energie festhalten und zu (Bewegungs-)Einschränkungen führen, werden nach und nach gelöst. Unser Körper und unser Bewusstsein sind eng miteinander verbunden und in der Praxis nicht zu trennen. Auch C. G. Jung hat das schon Anfang des 20. Jahrhunderts mit seinen Assoziationsexperimenten und seiner daraus resultierenden Komplextheorie festgestellt. Deswegen ist es mir ein Anliegen, diese beiden Ebenen alltagspraktisch zu verbinden und aufzuzeigen, dass diese Verbindung jedem möglich ist und zudem einfach umsetzbar. So, wie wir jetzt ganz konkret körperlich sind, nehmen wir uns wahr und drücken uns aus. Auf unser Ich-Bewusstsein können wir uns verlassen – es ist relativ konstant – im Positiven wie im Negativen. In dem Sinne positiv, dass wir nicht über jeden unserer Schritte, über jede unserer Reaktionen etc. nachdenken müssen. Mit negativ meine ich, dass es recht starr und unbeweglich sein kann. Es hält gerne am Status quo fest und mag keine Veränderungen. Außerdem filtert es unsere Wahrnehmung, was einerseits gut ist, da wir sonst von Eindrücken überschwemmt würden, jedoch entgeht uns damit vieles Anderes, was unser Bewusstsein als nicht wichtig für uns erachtet. Deswegen ist es wichtig, sich dessen bewusst zu sein, denn nur so können wir uns bewusst auf die Dinge ausrichten, die wir erreichen wollen und die uns auch wichtig sind. Leider hat sich bei den meisten von uns ein bestimmtes Verhalten eingeschlichen und etabliert, welches wir als selbstverständlich mit uns verbunden wahrnehmen. Doch manche dieser verinnerlichten Verhaltensmuster sind nicht das, was wir uns von uns wünschen. Wir ärgern uns dann über uns selbst, wenn wir mal wieder auf die altbekannte Art gehandelt haben. In der Analytischen Psychologie würden wir das Verhalten bisweilen als „komplexhaft" bezeichnen, im Focusing nennt E. Gendlin es „Strukturgebunden": Aus diesem Erleben / Verhalten heraus kommt nichts Neues. Es verläuft in immer gleichen Bahnen und alten Verhaltensmustern, die wir schon kennen und uns zudem meist nicht weiterbringen. Aus der Neurobiologie kennen wir das auch: Um Neues lernen zu können, müssen sich alte Bahnen auflösen, damit neue geknüpft werden können (vgl. Hüther, 2016). Das ist der Punkt, an dem wir ansetzen können, wenn wir neue Wege gehen und auf unserem eigenen Weg weitergehen wollen. Das geht auch sehr gut über Focusing, indem wir bei der Stehübung etwas länger bleiben und dabei weiter in uns hineinspüren: Wie sieht es in uns jetzt aus und was wäre der nächste stimmige Schritt für uns? Dieses Wissen ist bereits in uns, doch da wir immer mit unserem Bewusstsein lenkend und kontrollierend handeln wollen, nehmen wir es gar nicht mehr wahr. Indem wir jedoch ruhig werden und in uns hineinspüren, können wir an dieses vorhandene (Körper-) Wissen anknüpfen. Gelingt uns das, so wissen wir auch meist aus diesem inneren Wissen heraus, was als nächstes zu tun ist.

Oftmals gelingt uns das jedoch nicht, so dass wir schleichend und zunächst ohne es zu bemerken, von unserem Weg abkommen. Dann braucht es einen Auslöser, damit wir wieder zu unserem Weg zurückfinden und weiter auf diesem gehen. Es geschieht häufig - leider! - nicht freiwillig. Meist ist es leider eine größere Krise, die uns zum Umdenken zwingt. Alte Sicherheiten gelten nicht mehr, Vertrautes löst sich auf und das Neue ist längst nicht greifbar. Das stürzt uns in eine Zeit tiefer Unsicherheit, Zweifel und Ängste. In der Krise sind wir völlig auf uns selbst zurückgeworfen; das einzige, worauf wir uns noch verlassen können, was uns irgendwie Halt gibt, sind wir.

Doch häufig haben wir unseren eigenen Weg, unser Ziel, schon so sehr aus den Augen verloren, dass wir Mühe haben, überhaupt einen Zugang zu uns zu finden, der uns durch diese schwere Zeit hindurch und auch wieder herausführt.

Hier können Märchen helfen. Zu Beginn steht meist eine Krise, die die Heldin ereilt und die sie – ebenso wie uns – zwingt, ihr altes Zuhause zu verlassen und sich auf den Weg ins Leben zu machen. Auch wenn unsere konkrete Situation ganz anders aussehen mag, so können wir doch von den Märchen lernen und uns inspirieren lassen oder sogar einige Strategien übernehmen. Denn in den meisten Märchen gibt es ein „Happy End" -> d.h., der Held bzw. die Heldin hat seinen bzw. ihren Platz im Leben gefunden und beginnt, ihn auszufüllen. Mit dem Märchen „Allerleirau" nehme ich Sie in dem Kapitel „Auf den Weg machen" auf eine solche Heldinnenreise mit und zeige Parallelen zu unserem Alltag sowie Möglichkeiten, wie wir das Märchen für uns nutzen können und wie wir uns auf die eigene HeldInnenreise machen. Im nächsten Kapitel lernen Sie die „Innere Weisheit" kennen. Sie brauchen wir, wenn wir uns auf eine solche Reise machen, um hinterher auch mit den neuen Erfahrungen und „Schätzen" ein gutes Gefühl für uns selbst zu haben, aber auch, um während dieser Reise eine Idee davon zu haben, in welche Richtung wir uns bewegen müssen. Die „Innere Weisheit" ist das Herz und Zentrum für all unsere Entwicklungen.

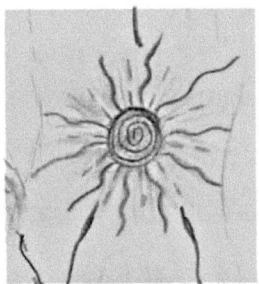

Die „Innere Weisheit" ist der leuchtende Punkt in uns, der uns Kraft und Stärke gibt – wie fühlt er sich für Sie an? Wo spüren Sie ihn?

Hier ist Platz für Ihre eigene „Innere Weisheit".

Wie ich es in „Der Ausgangspunkt" schon erläutert habe, ist unsere „Innere Weisheit" für unseren Weg enorm wichtig. Sie ist unsere Kraftquelle, unsere Mitte, was nicht zwangsläufig mit unserer Körpermitte gleichzusetzen ist, unsere Energie, die uns immer weiterführt.

RESSOURCEN – ZUGANG ZU DER „INNEREN WEISHEIT"

Stellen Sie sich die „Innere Weisheit" als innere Oase vor, als Trost spendend, wie eine Umarmung, eine Sicherheit in sich selbst. Ein inneres Ankommen, was Sie erreichen können, wenn Sie an Ihre schon vorhandenen Ressourcen anknüpfen. Verbinden Sie sich mit den Aspekten und Bereichen in Ihnen / Ihrem Leben, die JETZT schon gut sind und die Sie weiter ausbauen wollen, mit all den Dingen, die Ihnen Freude bereiten, die Sie gut können, bei denen Sie sich fühlen. „im Fluss" fühlen. Denn wenn wir uns an unsere Ressourcen anschließen und damit an all das, was uns Kraft gibt, dann stärken wir unser Ich. Mit unserem Ich ist es uns erst möglich, uns an unsere „Innere Weisheit" anzuschließen, sie wirklich als zu uns gehörig zu erfahren. Sonst bleibt sie eine abstrakte Vorstellung. Doch erfahren wir diese bewusst in uns, dann wird sie ein Teil von uns und wir können uns selbstverständlich mit ihr verbinden. Im vorherigen Kapitel habe ich schon ausführlich über unser Ich und seine Bedeutung für uns geschrieben. In Verbindung mit unserer „Inneren Weisheit" zeigt sich, dass diese das Ich wiederum stärkt – es besteht eine Wechselwirkung. Wir benötigen ein starkes Ich, um uns der „Inneren Weisheit" zu nähern und je stärker diese „Innere Weisheit" ist, desto stärker wird auch unser Ich.

In einem von mir geleiteten Bildungsurlaub zu dem Thema „Burnout" haben wir uns immer wieder diesen Ressourcen zugewandt. Dabei ging es um ganz alltägliche Dinge wie Spaziergänge, Familie / Freunde, Natur, Sinn, ein schönes Zuhause, Backen / Kochen etc. Am Ende hatten wir eine komplette Wand mit all den bunten Ressourcen gefüllt, was die TeilnehmerInnen gleichermaßen erstaunte als auch begeisterte. Darauf konnten wir aufbauen und angestrebte Veränderungen an den vorhandenen Ressourcen anknüpfen. So können wir Veränderungen leichter in unseren Alltag integrieren und es fällt uns leichter, sie anzunehmen und zu akzeptieren. Die Verbindung und Verankerung mit und an unseren Ressourcen hilft uns, uns weiter auf den Weg zu machen. Sie sind unsere Rückversicherung, wenn es einmal nicht so gut laufen sollte. Über sie finden wir auch einen Kontakt zu unserer „Inneren Weisheit" – denn wenn wir etwas tun, was uns gut tut, fühlen wir uns im Fluss und mit uns verbunden. Wenn plötzlich alles gut läuft, Sie sich nicht anstrengen müssen, sich gut, rundum „eins" mit sich und der Welt fühlen, dann spüren Sie in diesen Momenten die Verbindung zu Ihrer „Inneren Weisheit". In diesem Kapitel zeige ich Ihnen, wie Sie solche Momente öfter erreichen und die „Innere Weisheit" in Ihrem Alltag integrieren können.

SCHÖPFERISCHE KREATIVITÄT, ICH UND KÖRPER

In unserem Körper erfahren wir die Einheitswirklichkeit[5] und über die Archetypen[6] haben wir an dieser Einheitswirklichkeit teil (vgl. Neumann, 1995, S. 66ff und S. 84). Der schöpferische Mensch ist mit der Einheitswirklichkeit verbunden (ebd., S. 87). Wenn wir die Einheitswirklichkeit als Pendant zur „Inneren Weisheit" verstehen, dann sind wir die (Lebens-)Künstler,

---

[5] Erich Neumann hat diesen Begriff eingeführt. Damit ist eine Erfahrung gemeint, in der wir uns mit uns der Welt verbunden fühlen. Wir sind dann auch an das Schöpferische, das uns umgibt, angeschlossen und können aus dieser Quelle schöpfen. Sind wir an der Einheitswirklichkeit angeschlossen, sind unsere Ich-Grenzen in dem Moment weiter, durchlässiger.

[6] Archetypen: Urmuster menschlichen Erlebens.

die schöpferisch wirken, indem wir unser Leben selbstbestimmt gestalten. In jedem von uns ist das Schöpferische veranlagt. Um weiterzukommen, müssen wir uns „nur" daran anschließen, dabei gestaltet sich der schöpferische Prozess aus einem Dialog zwischen dem Bewusstsein und dem Unbewussten (vgl. Kast, 2007, S. 31f). *„... in der Resonanz zwischen dem Alten und dem Neuen entsteht das Andere, die Entwicklung" (Kast, 2007, S. 33).*

Über dieses schöpferisch-kreative Gestalten wird ein Drittes, Neues geschaffen, welches mehr ist als das, was wir bisher bewusst erdacht haben. Dieses „Neue" finden wir auch im Focusing. Bei dieser von E. Gendlin entwickelten Methode wenden wir den Blick nach Innen, auf unser Zentrum und lassen zu einem Problem, einer Frage, einer Situation etc. aus unserem Körperwissen eine Antwort aufsteigen. Diese Antwort beinhaltet immer mehr als das, was wir schon darüber wissen, es bringt uns frische Energie und einen Schritt vorwärts. *„Das Neue ist immer fragwürdig und bedeutet ein zu Erprobendes" (C. G. Jung, 1946, §251).*

Es ist wie im Tanz, in welchem sich ein Schritt, eine Bewegung aus dem Vorhergehenden ergibt, was sich in verdichteter Form besonders auch in den Märchen zeigt, wie wir später noch sehen werden. Um weiter gehen und uns immer wieder einen neuen Standpunkt erobern zu können, müssen wir viel ausprobieren und genauso viel verwerfen. Nur so finden wir heraus, was wirklich zu uns passt, was stimmig ist und was es ist, das uns immer wieder mit frischem Tatendrang erfüllt.

Um eine Vorstellung von dem Gefühl der „Inneren Weisheit" zu haben,
nehme ich Sie mit in eine kleine Tanzübung. Den Tanz erfahre ich seit über 5
Jahren als sehr bereichernd für mein persönliches sowie berufliches Leben.
Seitdem führe ich jeden Tag kleine Tanzstudien durch. Aus einer davon ist
diese Übung hervorgegangen:

Wenn Sie mögen, legen Sie sich eine Musik auf, die Ihrer aktuellen Stimmung entspricht. Bei mir war es eine sehr ruhige Musik (G. Roth, Double
Wave Nr.5). Sie können die Übung jedoch problemlos ohne Musik ausüben,
die meisten meiner Tanzstudien mache ich ohne Musik. So kann ich besser
den Schwingungen und Gefühlen in mir nachgehen, ohne mich von der Musik zu sehr beeinflussen zu lassen. Beides hat seine Vor- und Nachteile, auf
die ich später noch etwas intensiver eingehe.

Stellen Sie sich locker hin, bewegen Sie sich ruhig ein wenig, wippen,
schwingen Sie, wenn Ihnen danach ist. Schließen Sie die Augen und lassen
Sie den Rhythmus der Musik oder Ihres eigenen Rhythmus wie eine goldene
Flüssigkeit über sich fließen. Geben Sie sich ganz Ihrer Vorstellung hin, folgen Sie Ihrem Körper und seinen Bewegungsimpulsen – wie will er sich in
dieser goldenen, warmen, weichen Flüssigkeit bewegen? Bleiben Sie mit Ihrer Aufmerksamkeit ganz bei sich. Richten Sie es behaglich und bequem in
Ihrem Körper und seinen Bewegungen ein – die goldene Flüssigkeit hilft
Ihnen dabei. Gehen Sie mit ihr mit, lassen Sie sich auffangen, umfangen...
Und gleichzeitig spüren Sie die Stärke Ihrer Mitte, die alles zusammenhält,
durch die das Loslassen erst möglich wird. Sie nehmen beides wahr: Die

Wohligkeit des Fallenlassens als auch die Stärke Ihrer Mitte. Beides ist da. Beides ist wichtig.

Bleiben Sie solange dabei, wie es Ihnen gut tut. Wenn Sie genug haben, kommen Sie langsam zum Ende. Lassen Sie den Tanz / die Bewegung noch etwas nachwirken, vielleicht mögen Sie sich Ihre Erfahrungen dazu notieren.

INNERE WEISHEIT UND INNERES GEFÜHL

Vielleicht konnten Sie durch diese bewegte Übung einen ersten Eindruck von Ihrer „Inneren Weisheit" bekommen. Sie ist zum einen das wohlige Gefühl, das wir haben, wenn wir uns ganz geborgen fühlen, zum anderen aber auch die feste Stärke, die wir benötigen und auf die wir uns verlassen können, wenn es um wichtige Entscheidungen, um unseren weiteren Weg, geht. Dieses Gefühl ist eng mit unserem Körper verbunden. L. Hartley beschreibt in „Einführung in Body-Mind Centering" sehr ausführlich, welche geistig-seelischen Bereiche unsere verschiedenen Körperstellen und -systeme ansprechen (vgl.Hartley, 2019). Der Innere Kompass ist ein Gefühl, das uns immer wieder auch in schwierigen Situationen leitet. Allerdings muss dieses besondere Gefühl dafür nicht IMMER da sein. Es kann Zeiten geben, in denen wir weniger darauf achten, bis wir spüren, dass wir etwas von unserem Weg abgekommen sind und wieder gezielt danach suchen. Dieses Gefühl haben wir jedoch nur dann relativ früh und deutlich, wenn wir eine klare Vorstellung, eine konkrete Körperempfindung für unseren „Inneren Kompass" haben. Dahin kommen wir durch verschiedene Methoden. Es hat sich als wirksam heraus gestellt, immer wieder die Ebene des Bewusstseins, des

Körpers sowie des Unbewussten anzusprechen, um uns ganzheitlich auf allen unseren Ebenen zu erreichen und unsere unterschiedlichen Aspekte miteinander zu verbinden. In meiner Arbeit nutze ich dafür die Analytische Psychologie, den Tanz mit seinen verschiedenen Ausrichtungen sowie das Focusing. Aus jedem Bereich werden Sie immer wieder Anregungen und Übungen finden, die wiederum mit den anderen Ansätzen verknüpft werden. Führen Sie die verschiedenen Übungen mit dem Fokus auf Ihre „Innere Weisheit" regelmäßig aus, ergibt sich daraus ein immer stärker werdendes Gefühl für diese, so dass Sie Ihre „Innere Weisheit" im Alltag immer bewusster wahrnehmen können. Aus den meinen Anregungen können Sie sich diejenigen heraussuchen, die Ihnen momentan am meisten gut tun und Ihr inneres Gefühl bestärken. Doch nutzen Sie ruhig auch immer mal wieder die Angebote, die Ihnen vielleicht nicht so liegen, die Sie zunächst scheinbar nicht weiterbringen: Gerade dann könnte es sein, dass Sie diese Ansätze besonders benötigen, um auch an Anteile in sich zu kommen, die lange verdrängt waren, jetzt aber integriert werden wollen. Janet Adler beschreibt es auf ihre Art im Zusammenhang mit der besonderen Tanzform des „Authentic Movement" ähnlich: „Direkte Erfahrung ist eine intuitive Erfahrung." Wir lernen, uns von außen wahrzunehmen und somit in einen Dialog mit unserem Körper zu gehen. Sind wir im Fluss, erleben wir einen Einheitszustand (Adler in Teigeler, 2018, S. 273 & 268). Das ähnelt wiederum der „Einheitswirklichkeit", wie sie E. Neumann beschreibt. Es dreht sich alles um das eine Zentrum. Die Mitte, die wir in uns wahrnehmen, die wir körperlich spüren, mit der wir in den Dialog gehen und aus der heraus wir Antworten – in Form von Bildern, Worten, Gefühlen etc. – erhalten können (wie im Focusing). So vielfältig, wie wir Menschen sind, so vielfältige Wege gibt es, um diese „Innere Weisheit" zu erfahren und zu stärken. Suchen Sie sich aus meinen Impulsen und Übungen jeweils diejenigen heraus, die zu Ihnen passen und die Ihnen jetzt als stimmig erscheinen.

Als hilfreich habe ich es erfahren, diese körperlichen Erfahrungen entweder zu versprachlichen oder in ein Bild umzusetzen. Im Tanz wird häufig so vorgegangen. Janet Adler schreibt in ihrem Buch „Die Gabe des bewussten Körpers": „Verkörpertes Bewusstsein erfordert ein Erforschen nicht nur des körperlichen, sondern auch des sprachlichen Ausdrucks." Verkörperter Text sind demnach Worte aus der direkten Erfahrung. Dadurch gelangt die Tänzerin zu ihrem Körperbewusstsein und knüpft an ihr (unbewusstes) Wissen an (vgl. 2012, S. 40). Aus dem Gehen heraus entscheiden die BewegerInnen, welche Position sie einnehmen und aus der körperlichen Bewegung heraus schreiben sie. „Der Prozess des Schreibens bringt eine erhöhte Bewusstheit für Worte mit sich, die direkt aus dem Körper entspringen" (ebd., S. 188). Wie beim Malen geht es nicht um Schönheit oder Ästhetik, sondern um einen authentischen Ausdruck. Dabei verändern sich die Worte – während wir die Erfahrung in Worte zu fassen versuchen, ist es nicht mehr nur die Erfahrung an sich, sondern schon eine Erweiterung davon, genauso, wie beim Malen aus dem Unbewussten das Bild eine Fortsetzung der Imagination ist. Im Focusing wiederum tragen die Worte unser Erleben immer einen Schritt weiter. Auch A. Halprin arbeitet mit der Verbindung von Tanz, Wort und Bild (vgl. 2000, S. 30). Die Worte entstehen aus der direkten körperlichen Erfahrung. Im Focusing spricht Gendlin von einem tiefen persönlichen Ausdruck, der jenseits der Sprache ist. Was wir nicht mehr in Worte fassen können, ist genau das, was wirklich zu uns gehört. Sobald wir zum ganz Persönlichen kommen, fehlen die Worte (vgl. Gendlin in Wiltschko 2008, S. 15 und 122f). Diese „Sprachlosigkeit" können wir sehr gut mit dem Tanz verbinden.

Fehlen die Worte, können wir das, was wir ausdrücken und mitteilen wollen, in Bewegung umsetzen und gestalten. Aus dieser Dynamik heraus formen sich dann auch die Worte zu etwas Neuem, was uns wiederum einen Schritt weiterbringt. „Wenn die Worte unser Erleben weitertragen, sagen sie mehr als das, was sie in der üblichen Art, sie zu gebrauchen, bedeuten" (Gendlin in Wiltschko 2008, S. 134). Aus diesem freien und dynamischen Tanz heraus kommt es zu freien Wortimprovisationen (vgl. Delakova 1991, S. 60). In meinen Tanz-Workshops erlebe ich diese Verbindung als sehr bereichernd. Die gemeinsam gesprochenen Worte erzeugen ein Netzwerk aus Energie und Gemeinsamkeit, woraus sich jede Tänzerin das nimmt, was für sie jetzt stimmig ist und sich ihre eigene (Körper-)Landkarte aus Worten und Bildern erschafft. Im Authentic Movement wird ebenfalls von einer Landkarte über die Bewegung gesprochen (vgl. Adler, 2012, S. 37). Auch wenn sie etwas anderes meint, indem sie die Zeugin mit einbezieht und ganz klar bei der Bewegung bleibt, finde ich die Vorstellung von einer inneren Landkarte, die sich auch bei ihr findet, doch eindrücklich. Bei ihr entsteht diese durch die Besprechung der Bewegung der Tänzerin mit der äußeren Zeugin, wodurch sich einzelne Bereiche ergeben (vgl. ebd., S. 41). Daraus entwickelt sich ein Körpervertrauen sowie eine Einsicht durch verkörperte Bewusstheit des Bewegungsmusters. Durch Üben wird dieses Vertrauen noch gestärkt und es entwickelt sich die „Innere Zeugin" (vgl. ebd., S. 43/44). Was Janet Adler in Zusammenhang mit Authentic Movement mit der „Inneren Zeugin" meint, können wir als einen Aspekt der „Inneren Weisheit" ansehen – einen Teil von uns, der sich selbst wertschätzend wahrnimmt und beobachtet, um daraus Bewusstheit über sich selbst zu erlangen sowie Vertrauen in die eigenen Prozesse gewinnt. Das ist es auch, was wir in der Aktiven Imagination anstreben: eine bewusste und wohlwollende

Wahrnehmung uns selbst gegenüber, ohne lenkend und vom Bewusstsein her steuernd einzugreifen. Gehen wir den Weg allein, wie es mit diesem Buch vorrangig vorgesehen ist, so sind wir beides für uns: innere sowie äußere Zeugin. Beides können wir für unsere Reflexion und zur Stärkung unserer Wahrnehmung nutzen. Die Arbeit von Janet Adler vermittelt durch ihre wertschätzende und annehmende Vorgehensweise trotz ihres unterschiedlichen Schwerpunkts einen guten Eindruck von der inneren Stärke, die ich mit der „Inneren Weisheit" bezeichne. Mit einer „Inneren Landkarte" meine ich, dass Sie sich Ihre Innenwelt erschließen – über den Tanz, über Märchen, über Symbole, das Malen, das Focusing – und so einen immer klareren Blick für sich selbst bekommen. Sie können damit Ihre bisherigen Wege und Spuren besser verfolgen, verstehen bestimmte Handlungen und Verhaltensmuster besser. Dieses Verstehen bzw. Bewusst werden ist der erste Schritt zur Veränderung und Weiterentwicklung. Bevor Sie den nächsten Schritt machen und sich auf IHREM Weg weiterbewegen können, müssen Sie zunächst wissen, wo Sie jetzt stehen, warum Sie dort stehen, welche Wege Sie genau hierhin geführt haben, wie wir es im Kapitel „Ausgangspunkt" ausführlich beleuchtet haben. Bei dem Erfahrungsweg, wie ich ihn hier im Zusammenhang mit der „Inneren Weisheit" beschreibe, geht es darum, Ihrer persönlichen Art zu folgen, sich selbst eine wohlwollende Beobachterin zu sein und die eigenen Bewegungen, aufsteigenden Impulse / Ideen / Gefühle etc. immer besser in einen Zusammenhang zu bringen. Daraus ergibt sich dann ein roter Faden – eine innere Landkarte sowie inneres Körpervertrauen. Dieses Körpervertrauen ist Bestandteil der „Inneren Weisheit", um die es an dieser Stelle gehen soll. Integrieren wir unsere stabilisierenden Übungen in unseren Alltag, so erfahren wir dadurch Halt und Unterstützung von innen (vgl. auch Delakova, 1991, S. 78).

Die „Innere Weisheit" kann mit einem Gefühl verglichen werden, als wäre eine goldene Kugel in Ihnen – ähnlich der goldenen Flüssigkeit in der Tanz-Übung. Diese „goldene Kugel" richtet Sie immer wieder neu aus, strahlt nach außen und vermittelt Ihnen ein Gefühl von Selbstsicherheit und Selbstbewusstsein, was nicht durch äußere Dinge erlangt werden kann. Sie ist unsere Mitte, unser Kern und beinhaltet damit alles, was uns als gesamte Persönlichkeit ausmacht. Wenn ich schreibe „Mitte", bedeutet das nicht zwangsläufig, dass Sie diese Empfindung auch in ihrer tatsächlichen Körpermitte haben müssen. Es kann auch in der Nähe des Herzens oder an einer anderen Stelle Ihres Körpers sein – wichtig ist, dass Sie das Gefühl haben „das ist meine „Mitte", hier ist mein Schwerpunkt". Die „Innere Weisheit" richtet uns auf und erfüllt uns mit Stärke. Jeder von uns kennt solche Momente, in denen wir voller Kraft und Zuversicht waren. Meist sind es diese Momente, in denen unsere „Innere Weisheit" gut aktiviert und ausgerichtet war.

Einladung: Innehalten

Vielleicht möchten Sie sich ein paar Minuten Zeit nehmen, und Ihren eigenen Erfahrungen nachspüren:

Wann haben Sie solche Momente erlebt? Können Sie sich eine „Goldene Kugel" vorstellen? Wie fühlt Sie sich für Sie an? Haben Sie das schon mal in Ihrem Alltag erlebt? Wohin führt Sie Ihre goldene Kugel? Spricht Sie die Vorstellung einer golden-flüssigen Kugel an? Können Sie sich diese körperlich vorstellen? In Bewegung bringen? Oder folgen Sie lieber Ihren Inneren Bildern – in Ruhe sitzend? Vielleicht springt Sie auch nach Außen und inspiriert Sie, ein Bild von ihr zu malen: Wie wirkt dieses auf Sie?

Folgen Sie Ihren eigenen inneren Impulsen, lassen Sie sich von dem leiten, was in Ihnen durch die Vorstellung der „goldenen Kugel" auftaucht. Das gibt Ihnen ein gutes Gefühl dafür, was Ihr „Innerer Kompass" für Sie ist, wie er für Sie aussieht. Diese Vorstellung davon ist grundlegend für die weitere Arbeit. Ich kann Ihnen meine Vorstellung und begrenzt die meiner Teilnehmer mitteilen – aber hier kommt es auf Ihre ganz eigene Wahrnehmung an. Nutzen Sie die Übung, um sich Ihren eigenen „Innere Weisheit" zu erschließen – der sich natürlich von meiner Beschreibung unterscheiden kann und darf!

Sie können die Übung weiterführen, indem Sie sich folgende Fragen stellen. Was hat dazu geführt, dass Sie sich zuversichtlich fühlten? Gibt es solche Situationen immer noch?

Reflektieren Sie im Anschluss, wie Sie JETZT einen Zugang zu Ihrer „Inneren Weisheit" gewinnen können.

Es ist bei dem auf und ab unseres Lebens nicht immer leicht, bei uns und in unserer Mitte zu sein und Entscheidungen zu treffen, die mit unserem inneren Gefühl übereinstimmen. Doch je mehr wir uns darin üben, desto leichter fällt es uns, auch in drängenden Fragen den für uns richtigen Weg einzuschlagen ohne uns den vermeintlichen Erwartungen an uns beugen und stattdessen authentisch und selbstbestimmt zu handeln. Durch die oben beschriebenen möglichen Vorgehensweisen gelangen wir zu wacher Präsenz und der Verwirklichung unserer Potenziale (J. Adler nennt das „Gaben") und somit zu innerer Zufriedenheit. Von der zu Beginn etwas unsicheren Frage „Wo bin ich?" geht es über die authentische Bewegung, der Reflexion und der Klärung der inneren Landkarte zu dem (selbst-)bewussten Ausruf: „Hier bin ich!" (vgl. Adler, 2012, S. 183f). Eine Übung dazu gibt es in dem Kapitel

„Landkarte". Hier möchte ich Ihnen das Gefühl für die „Innere Weisheit" von verschiedenen Ebenen aus erfahrbar machen, so dass Sie diese für sich verinnerlichen und körperlich verankern können.

GESPÜR FÜR UNSERE MITTE – DIE „INNERE WEISHEIT" KÖRPERLICH WAHRNEHMEN

Suchen Sie sich wieder einen bequemen Ort, an dem Sie für ungefähr eine halbe Stunde ungestört sein können. Legen Sie sich Papier und Stifte / Farben bereit.

Spüren Sie in sich hinein. Ganz ohne Absicht. Lenken Sie Ihre Aufmerksamkeit nach innen, zu Ihrer „Mitte" hin. Verweilen Sie dort und warten Sie, was sich zeigt...

Steigt ein Bild auf? Ein Wort, ein (Körper-)Gefühl?

Bleiben Sie dort, in Ihrer Mitte, Ihrer „Inneren Weisheit" und nehmen Sie die Besonderheit dieser Wahrnehmung ganz in sich auf...

Nehmen Sie sich ausreichend Zeit, diesen Ort, diese Stelle in Ihrem Inneren wirklich zu spüren, seine Qualitäten und Beschaffenheiten zu erfahren... So, dass Sie Ihre „Innere Weisheit" jederzeit wieder abrufen können. Machen Sie sich dieses Gefühl zu eigen, verankern Sie es...

Wenn Sie soweit sind, kommen Sie mit Ihrer Aufmerksamkeit wieder im Hier und Jetzt an. Um Ihre Wahrnehmung zu festigen, bitte ich Sie nun, ein Bild aus dieser Körpererfahrung heraus zu malen. Folgen Sie dabei ihrer Intuition, lassen Sie sich von den Farben ansprechen. Es geht nicht darum, ein schönes Bild zu gestalten, sondern darum, Ihrem inneren Erleben Ausdruck zu verleihen. Ihr Bild ist eine Erweiterung, eine Fortsetzung Ihrer persönlichen Erfahrung.

Ihr Bild gibt Ihnen über die körperliche Erfahrung hinaus Aufschluss darüber, was aktuell wichtig für Sie ist, in welche Richtung es Sie zieht, wie gut Ihr Kontakt zu Ihrem Unbewussten ist. Malen Sie dabei alles, was Ihnen in dem Moment einfällt, folgen Sie Ihrem eigenen Inneren Prozess.

Integrieren Sie diese Übung soweit es geht in Ihren Alltag. So festigen Sie Ihre „Innere Weisheit" und Ihr Gespür für diese. Halten Sie immer wieder inne, um mit sich selbst verbunden zu bleiben. Bewusstsein und Reflexion sind der erste Weg, um mit sich selbst in Kontakt zu kommen und zu bleiben.

Als kleine Unterstützung können Sie sich immer mal wieder folgende Fragen stellen: Wie bin ich, wenn äußere Sicherheiten fehlen? Bleibe ich auch dann auf meinem Weg, wenn es nichts mehr gibt, woran ich mich festhalten und orientieren kann? Wie sehr kann ich mich auf meinen inneren Halt verlassen? Wie gefestigt ist er? Und wie abhängig fühle ich mich jetzt noch von den äußeren Bedingungen? Dadurch erhalten Sie ganz konkrete Möglichkeiten, die Sie gezielt nutzen können, Routinen, die unterstützend wirken und die Sie bewusst für sich gestalten können.

Je mehr wir mit uns verbunden sind, desto mehr verblasst das andere. D.h. nicht, dass uns unsere Beziehungen, andere Menschen, Verantwortlichkeiten etc. egal sind. Sie erhalten jedoch nicht mehr diese uns bestimmende Bedeutung. Wir sind nicht länger von ihnen, ihren Meinungen und der damit verbundenen Sicherheit abhängig. Sie sind nicht ausschlaggebend dafür, wie wir handeln, sie bestimmen nicht weiter unser Verhalten, so dass wir unsere Beziehungen freier und authentischer gestalten können. Unser Handeln wird jetzt aus unserer Tiefe, unserem inneren Gefühl her bestimmt, geleitet – unserem „Inneren Kompass". Und diesen können wir täglich stärken, indem wir zu uns passende Routinen einführen. Bspw. jeden Morgen unsere Steh-Übung machen, unserem Atem folgen – vielleicht in Bewegungen, einen Tanz übergehen – und so erfrischt und mit uns verbunden in den Alltag starten. Abends reflektieren wir über den Tag und stellen so eine Verbindung mit dem Beginn des Tages und uns selbst her. Lenken wir vor dem Einschlafen unsere Aufmerksamkeit noch kurz auf uns, unsere innere Mitte, dann haben wir einen guten Ansatzpunkt, an dem wir uns ausrichten und mit dem wir gezielt Energie auftanken können. Indem wir unser Bewusstsein herunterfahren, kann sich auch unsere Schlafqualität ändern. Vielleicht haben wir dadurch einen intensiveren Zugang zu unseren Träumen.

Diese kleinen Übungen müssen nicht lange dauern, ein paar Minuten können völlig ausreichend sein. Sie sollen Ihnen helfen, ein Gespür für sich, Ihren Lebensrhythmus, Ihre Vorlieben, Ihre besten Zeiten etc. zu erhalten. Natürlich können Sie sich dafür auch eine halbe Stunde Zeit nehmen, um die Übungen jeweils zu vertiefen und erweitern – manchmal taucht ein Bild auf, das wir intensiver erfahren (Focusing, Imagination, Tanz) oder Gestalten (Bild, Tanz) wollen oder die Worte fließen förmlich aus uns heraus – aber um den Kontakt mit uns herzustellen, reichen ein paar Minuten pro Übung täglich aus. Wichtig ist die Kontinuität und Ernsthaftigkeit: Ist es Ihre Intention, sich in dieser Zeit nur mit sich zu beschäftigen, dann wird sich Ihr Körper darauf einstellen und diese Zeit von alleine fordern. Sie werden den Sog dann spüren und sich ihm kaum entziehen können. Durch regelmäßiges Üben an demselben Ort bauen Sie ein Kraftfeld auf, Ihre Energie verdichtet sich hier, so dass Sie leichter an Ihre Prozesse anknüpfen können, leichter in Ihre täglichen Übungen einsteigen können.

„Wenn der Mensch ein Bild von der Zukunft vor sich sieht, kann er dieses in die Tat umsetzen. Magisch ist ein Bild, das in der äußeren Welt real wird" *(Mike Samuals in Anna Halprin, 2000, S. 176).* Was es dafür braucht um dieses innere Bild Realität werden zu lassen, ist unsere innere Bereitschaft. Es reicht nicht, die Übungen etc. routiniert auszuführen. Wir müssen es wirklich von ganzem Herzen wollen und dazu bereit sein. Wir müssen uns darauf einlassen, Veränderung zu erfahren. Im Tanz spüren wir das sehr konkret, wie Sie selber es anhand der vorgeschlagenen Übungen nachvollziehen können. Zu der Inneren Bereitschaft muss das konkrete HANDELN hinzukommen. Nachdem wir unseren Mittelpunkt gefunden und gestärkt haben, ist es wichtig, das, was wir in uns gefunden haben, auch nach außen zu bringen. Das geht am Besten, wenn wir ganz klar auf EIN Ziel ausgerichtet sind und unseren Fokus ganz darauf legen. Wenn wir unsere Energie nicht mehr streuen und auf alles Mögliche verteilen, sondern ganz konkret ein Ziel / Projekt / Idee etc. im Sinn haben. Dann kann sich unsere Aktivität daran wie an einem roten Faden orientieren. Wenn wir uns ganz darauf ausrichten, es uns vorstellen und fokussieren, dann folgt unser ganzes Verhalten, unsere Einstellungen, unser Handeln. Und nach und nach richtet sich unser Alltag danach aus. Wir gehen dann sowohl innerlich als auch äußerlich auf unser Ziel zu, wir richten uns gleichermaßen darauf aus und imaginativ vorwegnehmend darin ein. Unser Ich-Bewusstsein nimmt dann andere Dinge wahr als vorher, so dass wir meinen, die Situationen, Menschen etc. anzuziehen, die wir benötigen. Dabei waren sie vorher auch schon da – wir waren nur nicht auf sie eingestellt, weil unser Bewusstsein einen anderen Teil der

Wirklichkeit wahrgenommen hat. Wir nehmen immer nur einen Ausschnitt der Wirklichkeit wahr, so dass wir alles andere ausblenden. Das ist auch wichtig, weil wir sonst mit den vielfältigen Eindrücken aus unserer Umwelt überschwemmt würden. Aber wenn wir uns dessen bewusst sind, können wir unsere Aufmerksamkeit bewusst auf all das lenken, was für uns und unseren weiteren (Lebens-)Weg wichtig ist. Unsere inneren Bilder wirken auf unser Nervensystem sehr ähnlich wie äußere Bilder (vgl. Hüther, 2015 und 2016). D.h., das, was wir uns vorstellen, hat mehr oder weniger die gleiche Auswirkung auf uns wie das, was wir tatsächlich tun und erleben. Diese Erkenntnis finde ich ziemlich spannend. Das bedeutet, dass wir uns auf unser Ziel ausrichten, es in unserer Phantasie ausschmücken, mit allen Sinnen erfahren können – und dass unser ganzer Körper so reagiert, als wäre es **wirklich** passiert. Das bezieht unsere Wahrnehmung mit ein, die sich dementsprechend anpasst, sowie unsere Handlungen, die sich nun auf unsere Vision ausrichten. Wenn wir also regelmäßig, möglichst mit unserem ganzen Körper, wie wir es in der Übung gemacht haben, auf unser Ziel fokussieren, erleichtern wir es uns, dieses auch tatsächlich zu erreichen. Es ist wie ein Muskel, den wir regelmäßig trainieren, ein Gefühl, dass uns dem, was wir erreichen wollen, näherbringt. Zu diesem besonderen Gefühl komme ich später nochmal zurück. Es ist wie ein Zusammenbringen zwei verschiedener Seiten, das Vermitteln einer Botschaft von der einen zur anderen Seite. Aus diesem Zusammenspiel von inneren Bildern und äußerer Wirklichkeit beziehen wir die nötige Kraft und Energie. Es hilft uns beim Durchhalten und beim Überwinden bzw. Durcharbeiten bestehender sowie neu auftauchender Ängste, Schwierigkeiten und allem, was uns blockiert und von unserem Weg ablenkt. Die innere Wirklichkeit bedingt die äußere und umgekehrt. Es besteht ein Wechselspiel zwischen Innen und Außen. Kreative Energien unserer Psyche werden durch im Außen gemachte Erfahrungen angeregt (vgl. Neumann, 1992, S. 44). An diesen inneren Bildern kann sich unsere äußere Aktivität wie an einem roten Faden orientieren. So, wie Ariadne Theseus mit der Hilfe des Fadens aus dem Labyrinth geholfen hat, so brauchen auch wir einen roten Faden, etwas, woran wir uns vorwärts bewegen können, wenn wir von unserem Weg abgekommen sind. Doch dafür müssen wir gleichzeitig offen für alles Neue, für das, was noch kommt, sein – stark und gefestigt (das „Hier bin ich!") und gleichzeitig flexibel und dynamisch, mit einer guten Portion Neugier auf den unabwägbaren Prozess des Lebens. „*Ein lebendiger Körper impliziert immer den nächsten Schritt" (Gendlin in Wiltschko, 2008, S. 113).*

Sind wir auf ein Ziel fokussiert, steht alles, was wir tun, im Dienst dieses Ziels. Mit Hilfe von Focusing schaffen wir es, ein Problem o. Ä. zu betrachten, es anzunehmen und gleichzeitig in Distanz dazu zu gehen. Um „es" zu verstehen, müssen wir nicht intensiv hineintauchen oder uns gar damit identifizieren. Wichtig ist vor allem, es mit unserem (Körper-)Bewusstsein zu erfassen, ein Gespür – einen „Griff" in Focusing Terminologie – dafür zu erhalten, an dem wir es festhalten, drehen, anschauen und wiederfinden können. Mit Focusing gelangen wir in einen Dialog mit uns selbst, der die Schnittstelle zwischen Körper und Symbol bildet. Mit Hilfe der Aktiven Imagination (ebenso wie mit dem Malen aus dem Unbewussten) treten wir in einen Dialog zwischen Bewusstsein und Unbewusstem ein. Wir eröffnen und gestalten ihn ganz bewusst und aktiv, gelenkt nur aus unseren inneren Bildern / Vorstellungen. Dann fallen alle Überlegungen bzgl. Falsch und Richtig weg. Stattdessen können wir die freigewordene Energie gezielt einsetzen und nutzen, um unserer Vorstellung wieder einen Schritt näher zu kommen.

Focusing ist hierbei eine gute Hilfe. Mit Focusing spüren wir in unseren Körper hinein und gehen in einen Dialog mit ihm. Aus unserem Körper kommt immer der nächste Schritt. In unserem Körper ist alles, was wir je erlebt haben, gespeichert. Mit Focusing können wir unser gesamtes Körperwissen erfahren. Es verbindet sich zu einem Ganzen, welches wir wiederum im Felt Sense spüren. Und daraus ergibt sich der nächste Schritt. Etwas Neues kommt zu uns, was wir uns so vorher nicht bewusst hätten ausdenken können. Was Gendlin für den Felt Sense beschreibt, ähnelt sehr meiner Idee von der „Inneren Weisheit". Der Unterschied besteht darin, dass ich die „Innere Weisheit" noch anreichere, ihn mit symbolischem und alltäglichem Leben fülle. Ich lasse es nicht bei dem körperlich wahrnehmbaren Felt Sense, ich gebe noch etwas Symbolisches hinzu, entwickle ein Bild, dass diese innere Stärke greifbarer machen soll. Die „Innere Weisheit" ist eine feste Größe in uns, sie strahlt nach außen, wenn wir offen dafür sind. Mit dem Felt Sense können wir ihr nahe kommen, aber sie ist immer auch viel mehr als das. Die „Innere Weisheit" hilft uns, unserem Ziel immer näher zu kommen bzw. auf unserem Weg zu bleiben. Sind wir mit ihr verbunden, dann hören auf unseren Körper und damit auf unser intuitives „Bauchgefühl". Indem wir uns von ihr leiten und anziehen lassen, können wir die nötigen Schritte gehen.

Übung: Das noch nicht Gewusste erspüren

Nehmen Sie sich ca. 10 – 30 Minuten Zeit, in denen Sie nicht gestört werden. Suchen Sie sich einen Platz, an dem Sie sich wohl fühlen und zur Ruhe kommen können. Atmen Sie bewusst ein paar Mal ein und aus. In Ihrem eigenen Rhythmus. Folgen Sie dabei Ihrem Atem... nach Innen... Wenden Sie Ihre Aufmerksamkeit nach Innen: Wie sieht es hier aus? Wie sind Sie hier mit sich? Bleiben Sie bei dieser achtsamen Wahrnehmung. Spüren Sie, wo Ihre Mitte ist... Können Sie Ihren „Inneren Kompass" spüren? Er ist hier. Vielleicht ist er etwas versteckt, vielleicht an einer anderen Stelle, als Sie vermuten... Bleiben Sie mit Ihrer Aufmerksamkeit bei Ihrer Mitte und warten Sie ab, was passiert... Erzwingen Sie nichts – je häufiger Sie diese kleine Übung in Ihren Alltag einbauen, desto eher wird sich ein griffiges Bild / Gefühl / Symbol zu Ihrem „Inneren Kompass" einstellen.

Nehmen Sie sich auch hier ausreichend Zeit zum Spüren. Lernen Sie die Bereitschaft und das Offensein für das noch nicht Gewusste schätzen

Zu wissen, was Sie wollen, ist zwar gut, der unerlässliche Anfang, aber das allein reicht nicht. Jetzt brauchen Sie Ihr Körpervertrauen, das Sie mit der obigen Übung stärken können. Je häufiger Sie erfahren, dass die neuen Schritte aus Ihrem Körpergefühl heraus hilfreich waren, desto stärker wird Ihr Vertrauen in sich selbst und Ihre Körperprozesse. Vergegenwärtigen Sie sich alles, was wir im ersten Kapitel besprochen haben – genau das brauchen Sie jetzt: Ihren jetzigen Standpunkt, all die Möglichkeiten und Ressourcen, die jetzt in Ihnen sind, sowie vor allem die Handlungsoptionen, die sich daraus ergeben.

VON DER BEWEGUNG ZUR ERINNERUNG

Wenn Sie also die Augen schließen und auf Ihre „Innere Weisheit" fokussieren – welche Handlungsimpulse ergeben sich daraus? Welches sind die nächsten Schritte, was brauchen Sie, damit es vorwärts geht? Ihr Körper weiß meist besser, als Sie, was jetzt am Besten wäre. Mit unserem

Bewusstsein können wir nur einen Teil der Wirklichkeit erfassen, während unser Körper das Gesamte erfasst. Der Felt Sense beginnt dort, wo die Sprache aufhört. Er enthält die ganze Geschichte zu etwas und aus diesen vielen Details entsteht unser Handeln (vgl. Gendlin, in Wiltschko, 2018, S. 15 & 103). Ähnliches schreibt die Tänzerin K. Delakova in ihren biographischen Erinnerungen: Alles, was sie erlebt, prägt sich ihr ein und wird dadurch zu ihrem Körpergedächtnis (vgl. 1991, S. 32). Wir merken das selbst: Die meisten Bewegungen führen wir routiniert aus – unser Körper weiß längst, wie es geht und was er tun muss, ohne dass wir es ihm bewusst mitteilen müssen. Haben wir eine tägliche Routine, in der wir uns bewegen oder einfach nur unseren Körper wahrnehmen, gewöhnt er sich auch daran: Unser Körper sendet uns ganz klare Signale, was er jetzt braucht. Dabei ist eine Trennung zwischen „Ich" und „Körper" natürlich nicht möglich – wir SIND unser Körper. Mir geht es jedoch darum, darzustellen, dass wir im Alltagsleben allzu häufig von unserem Körper-Ich abgeschnitten sind, so dass es einer besonderen Aufmerksamkeit bedarf, die „Ich" und „Körper" wieder zusammen bringt. Wenn ich also von „Unserem Körper" schreibe, dann meine ich damit natürlich „Uns" bzw. den Teil von uns, der eben unser Körper ist.

Vielleicht erinnern Sie sich auch noch daran, wie es war, als Sie bspw. Fahrrad fahren gelernt haben: Zuerst erschienen die Bewegungen sehr schwierig, kaum ausführbar, bis es dann endlich, nach endlosem Üben „klick" gemacht hat und die Bewegung scheinbar von selbst vor sich ging. Was für eine Erleichterung, endlich von der Anstrengung in den natürlichen Fluss der Bewegung zu kommen. Auch später haben wir die Bewegungsabfolge nie verlernt – unser Körper hat die Lernerfahrung gespeichert.

Im Tanz erleben wir das ähnlich: Nach dem Tanzen erscheint es oft fast unmöglich, die Bewegungen in Worte zu fassen. Aber wenn wir uns dann wieder in den Tanz mit seinen Bewegungen hineinversetzen, dann fließen die Worte wie vorher die Bewegungen: Wir schreiben dann aus unserer Körpererinnerung heraus. Unser Körper erinnert sich und wir können aus der erinnerten Bewegung heraus eine Verbindung zu unserer Sprache herstellen. Es ist die Vorstufe von bewusster Reflektion, es ist verkörpertes Wissen, verkörperte Sprache, versprachlichter Körper, das sich manchmal auch in einem Gedicht ausdrückt. Denn um bewusst reflektieren zu können, müssen wir erst ganzheitlich erfahren haben. Und dazu gehört es auch, diese (Körper-)Erfahrung an unser Bewusstsein anzuschließen.

Wenn wir das genauer betrachten, ist es ziemlich spannend, wie wir mit unserem Körper in Situationen sind und diese wiederum über unseren Körper in neue Situationen mitnehmen. Hieraus entsteht das körperliche Wissen, bspw. jemanden zu kennen, aber nicht zu wissen, woher. Erleichterung taucht erst auf, wenn wir endlich die richtigen Zusammenhänge erfasst haben und die Person einordnen können. Das meint Focusing, ganz praktisch und sehr kurz zusammengefasst. Es ist unser unbestimmtes, nicht in Worte fassbares Körpergefühl, das uns mitteilt, ob etwas richtig oder falsch ist. Nicht immer hören wir darauf und ärgern uns vielleicht erst hinterher darüber. Wir sagen dann, wir hätten von Anfang an ein komisches Gefühl gehabt... - das ist Focusing. Focusing bezieht den ganzen Körper, die ganze Person mit ein. Es ist nichts „nichts als...", alles ist immer auch mehr als das, was wir benennen können. Diese Grundannahme, dass immer mehr als das Offensichtliche da ist, hat auch C. G. Jung in seiner Psychologie berücksichtigt (vgl. 1946, § 156). Denn im Benennen selbst bekommt die Erfahrung schon eine Veränderung – sie ist einen Schritt weiter gegangen, indem wir sie in Worte gefasst haben. Ähnlich beschreibt es J. Adler in „Authentic Movement". Die Worte kommen hier aus der direkten körperlichen Erfahrung. Dafür braucht es Offenheit und Raum – so kann der verkörperte Text aus der Bewegungserfahrung heraus entstehen (vgl. 2012, S. 187).

„Dort, wo die Sprache aufhört, wohnen wir wirklich", so beschreibt es E. Gendlin (in Wiltschko, 2008, S. 14). Auch, wenn wir bspw. ein Bild malen, ist dieses eine Erweiterung dessen, was wir vorher imaginiert haben. „Verkörpertes Bewusstsein erfordert ein Erforschen nicht nur des körperlichen, sondern auch des sprachlichen Ausdrucks" (Adler, 2012, S. 40). Dadurch gelangt die Tänzerin zum Körperbewusstsein und -wissen und knüpft an ihr unbewusstes (Wissen) an. Worte als Brücke zwischen gelebter Erfahrung und Bewusstsein erfordern eine neue Sprache (Lavendel in Teigeler, 2018 S. 79). Bewegung und Worte können in fließenden Bewegungen zusammenfinden: Während des Tanzes kommen uns vielleicht Worte / Bilder / Gedanken / Ideen, die wir kurz in einem bereitgelegten Notizbuch festhalten können. Nach dem Tanz nehmen wir uns dann bewusst Zeit, um die Worte, die jetzt in uns aufsteigen, zu notieren, als auch uns an die zu erinnern, die während des Tanzes da waren. In Anlehnung an J. Adler geht es auch um das Vertrauen, dass das, was in uns ist, nicht verloren geht. Somit können wir uns ganz auf den Tanz einlassen, in der Gewissheit, dass unsere Erfahrungen den Zugang zu unserem Bewusstsein erhalten. Bewegen wir uns aus uns selbst heraus, können wir sicher sein, dass uns nichts von dieser Bewegungserfahrung und damit verbundenen Gedanken, Gefühlen etc. verloren geht. Indem wir sie wieder vergegenwärtigen und unser Körpergedächtnis abrufen, wissen wir, wie es während des Tanzes war und wie wir uns dabei gefühlt haben. So kann ein Tanz zwischen Bewegen und Schreiben entstehen, der uns uns selbst näher bringt.

Focusing kann also ein Weg zu unserem Unbewussten sein. In der Analytischen Psychologie nähern wir uns dieser Quellen von Wissen sowie Ressourcen in uns über Symbole und Archetypen, im Focusing über unsere Körperwahrnehmung und im Tanz über unseren (Körper-)Ausdruck. Um diese unbewusste Schicht weiter zu erforschen, den symbolischen Gehalt der „Inneren Weisheit" sichtbar zu machen, können wir von Zeit zu Zeit tiefer in unser Unbewusstes tauchen. Wir machen das unbewusst schon jede Nacht: unsere Träume teilen uns in ihrer symbolischen Sprache nicht nur mit, wie es aktuell in uns aussieht, sondern liefern uns auch gleich Möglichkeiten, wie es gut für uns weitergehen könnte – sofern wir ihre Sprache verstehen. Das können wir immer mehr, wenn wir uns bewusst auf den Dialog zwischen Bewusstsein und Unbewusstem einlassen und unsere persönliche sowie die kollektive Symbolwelt erforschen. Ging es eben noch um die Beziehung zu unserem Körper, so gehen wir damit einen Schritt weiter. In der Analytischen Psychologie kann das sehr schön mit dem Bild des Hauses beschrieben werden: Gehen wir die Treppe weiter hinunter, in den Keller, so gelangen wir zu unserem Unbewussten. Und noch weiter unten tauchen wir in den Bereich des kollektiven Unbewussten ein (vgl. dazu auch Jung, 2005, S. 163ff). In Märchen taucht immer wieder das Bild des Brunnens auf, in den entweder etwas hineinfällt, etwas verstopft ist oder eine Person hineinspringt. Auch der Brunnen ist so ein „Übergang" von unserem Bewusstsein zu unserem Unbewussten. Testen Sie aus, was für Sie stimmig ist – vielleicht ist es ein ganz anderes Bild, das Sie zu Ihrer „Inneren Landkarte" führt. Vielleicht möchten Sie sich jetzt einen Moment für sich nehmen, um Ihren eigenen Bildern, die möglicherweise aufgetaucht sind, etwas Raum (bspw. durch Imagination) und Form (bspw. durch Malen) zu geben...

Um jedoch überhaupt einen Blick auf unsere innere Landkarte zu werfen, wenden wir uns zunächst der Analytischen Psychologie ganz allgemein zu. Sie wissen schon, dass es hier viel um symbolische Sprache geht. Doch hat diese Symbolik nichts Starres, sie passt sich vielmehr dem Menschen an, was sie dem Focusing ähnlich macht. Lt. C. G. Jung ist unsere Seele in einer Art „historischen Schichtung" aufgebaut (vgl. 1991, S. 44). Ganz oben ist unser Bewusstsein, womit wir einen kleinen Teil der Wirklichkeit wahrnehmen. Es wird gerne mit der Spitze eines Eisbergs verglichen. Darunter finden wir unser persönliches Unbewusstes, in dem sich allerlei Verdrängtes und Abgelehntes tummelt. Hier finden wir unseren Schatten sowie unsere Komplexe – zu beiden lesen Sie später mehr. Darunter gibt es etwas, was C. G. Jung das „Kollektive Unbewusste" genannt hat. Es enthält Archetypen und Symbole, hier ist die Welt der Mythen und Märchen, aber auch menschheitsgeschichtlich Vererbtes.

In der Analytischen Psychologie gibt es mehrere Möglichkeiten, um mit dem Unbewussten in Kontakt zu kommen. Das persönliche Unbewusste erreichen wir relativ leicht, dafür haben wir meist schon ein ganz gutes Gespür. Und oft ist es, ganz anders, als vermutet, nicht „schrecklich" oder „schlimm". Vielmehr gibt es hier viel Potenzial, das vergraben ist. Es ist wie mit den Kostbarkeiten Allerleiraus – diese zur ihr gehörenden strahlenden Eigenschaften sind auch kurzfristig in Vergessenheit geraten und somit in das Unbewusste gerutscht (dazu im nächsten Kapitel mehr). Etwas kann also bewusst gewesen und dann unbewusst geworden sein. Entweder, weil es nicht erwünscht, zu schmerzhaft war oder weil es nicht zu unserem Selbstbild passte bzw. zu der Vorstellung von dem, wie wir zu sein haben. Umgekehrt kann Unbewusstes auch wieder bewusst werden, womit die darin gebundene Energie und das Potenzial wieder frei wird. Dafür gibt es zum einen die Methoden der Analytischen Psychologie, aber auch Tanz und Focusing können uns dabei helfen. Mit ihrer Hilfe können wir auch an das kollektive Unbewusste anknüpfen. Hier geht es mir vor jedoch allem darum, Ihnen ein Gefühl für Ihre „Innere Weisheit" zu vermitteln.

DIE WEISE FRAU ALS WEGBEGLEITERIN

Archetypen wie die Weise Frau können uns durch unsere Innere Landkarte führen. Mit der Weisen Frau will ich hier anfangen, um Ihnen aufzuzeigen, wie es unseren Alltag bereichern kann, wenn wir mehr mit unserem Unbewussten im Dialog sind. Wenn zwischen Bewusstsein und Unbewusstem ein steter Austausch stattfindet, fühlen wir uns ganz und im Fluss und genau dadurch erhalten wir ein immer besseres Gespür für unsere „Innere Weisheit". Wir fühlen das ganz körperlich, wenn alle Energieströme in uns verbunden sind und fließen dürfen. Hier wird die Verbindung von Körper und Psyche besonders sichtbar. Ganz deutlich können wir das an unserem Atemfluss wahrnehmen. Das alles sind Möglichkeiten, uns unserer „Inneren Weisheit" zu nähern.

Der Weisen Frau können wir gezielt in der Imagination begegnen. Dabei sollten wir uns ihr unbedingt mit der nötigen Achtsamkeit und Demut nähern. Sie steht uns mit ihrer Weisheit zur Seite, doch ist Respekt ihr gegenüber oberstes Gebot. In den russischen Märchen wird oft von der „Baba Yaga" erzählt, eine fürchterliche Hexe, die jedoch, wenn man sie respektvoll behandelt und ihre Grenzen achtet, ebenso viel Weisheit und Geschenke zu geben hat. Seien sie offen und mutig, aber nie respektlos in der Welt des Unbewussten. Was uns die Weise Frau zu geben hat, ist immer sehr wertvoll für uns und bringt uns auf unserem Weg oft weiter. Doch dafür müssen wir ihr vertrauen, denn es ist immer das Unvorhergesehene, das sie anzubieten hat. Manchmal sind es Aufgaben und Prüfungen, die sie von uns verlangt. Sei es, um unsere Wahrhaftigkeit, unseren Mut etc. zu testen oder um uns noch tiefer zu uns selbst zu führen, damit wir sehen und erkennen können, was für uns jetzt wichtig ist. Denn was wir an der Oberfläche sehen ist meist nur ein Abbild dessen, was in der Tiefe wirklich ist. Manchmal führt sie uns auch tatsächlich zu einem Brunnen, einer Höhle etc., damit wir durch sie noch tiefer, noch weiter gehen und weitere Landstriche unserer Inneren Landkarte erkunden können.

Die Weise Frau wohnt erfahrungsgemäß im Wald und ist mitunter schwer zu finden. Wir müssen uns also anstrengen, um zu ihr zu kommen. Unser Geist muss klar und rein sein. Wir brauchen eine konkrete Frage, ein Ziel, mit dem wir zu ihr kommen, bei dem wir ihre Hilfe benötigen.

Allgemeinplätze bringen uns hier nicht weiter – dann weist sie uns ab. Sie fordert uns heraus, verlangt, dass wir unser Bestes geben. Wenn wir also nicht von Herzen zu ihr kommen, sollten wir es gleich bleiben lassen. Sie erwartet, dass wir uns zeigen – so, wie wir sind. Dafür gibt sie uns wertvolle Hinweise und Antworten. Doch um das zu können, braucht sie unsere Klarheit und Bereitschaft. Denn es könnte sein, dass wir ihre Antwort nicht gut finden, vielleicht sogar ablehnen. Auf jeden Fall ist das, was sie uns anzubieten hat, meist unerwartet. Kehren wir zurück, müssen wir uns mit ihrer Gabe weiter auseinandersetzen, um sie umfassend verstehen und damit auch integrieren und umsetzen zu können. Durch den Kontakt mit der Weisen Frau kommt etwas in uns in Bewegung, wir sind nicht mehr ganz die bzw. der selbe. Wir fühlen uns tief berührt. Herausgefordert, aber auch angenommen und unterstützt – vielleicht auf nie gekannte Weise. Eine – vielleicht alte, verdrängte und vergrabene - Sehnsucht kann aufflammen. Doch wir dürfen nicht vergessen, vor allem zu leben. Das ist es, was wir von der Weisen Frau lernen können: Wie wir unsere Sehnsucht in unserem Leben, in unserem Alltag erfüllen. Darin ist sie Expertin und dabei hilft sie uns. In der folgenden Imagination gebe ich Ihnen eine Anregung, wie Kontakt mit der Weisen Frau aufgenommen werden kann. Stellen Sie sich darauf ein, die Weise Frau zu treffen und bereiten Sie sich innerlich auf den Kontakt mit ihr vor.

Übung: Aktive Imagination – Die Weise Frau

Diese Übung kommt aus der Analytischen Psychologie. C. G. Jung selbst hat in einer für ihn schwierigen Phase intuitiv aktiv imaginiert. Dabei hat er die Bilder kommen und sich weiter entwickeln lassen, die vor seinem Inneren Auge aufgetaucht sind. In der Aktiven Imagination sind wir ganz wach, auch wenn wir hier unser Bewusstsein außen vorlassen. Vielmehr soll diese Methode uns helfen, einen Dialog zwischen unserem Ich (s. Kapitel Ausgangspunkt) und unserem Unbewussten herzustellen. Ist ein Bild aufgetaucht, bleiben wir dabei und springen nicht zum nächsten Bild. Es erfordert gleichsam Konzentration und wache Entspanntheit. In der Aktiven Imagination kommen nur Dinge, Situationen etc. vor, die es auch in der Realität gibt – wir können also nicht plötzlich fliegen oder Ähnliches. Reale Menschen, die uns bekannt sind, sollten allerdings nicht vorkommen. „Aktiv" heißt es deshalb, weil wir nicht, wie bei einer Phantasiereise, passiv die „Innere Bildergeschichte" mit begleiten, sondern weil wir ganz aktiv daran teilhaben, uns umschauen, ggf. in Dialog mit auftauchenden Personen gehen und dadurch die Imagination aktiv mitgestalten. Im Folgenden gebe ich Ihnen eine klassische Einleitung zur Aktiven Imagination, nach der dann Ihre eigenen inneren Bilder auftauchen. Ich werde eine etwas längere Einführung geben und Sie dann Ihren eigenen Bildern überlassen.

Nehmen Sie sich ca. 30 – 60 Minuten Zeit. Suchen Sie sich einen bequemen Platz, an dem Sie in dieser Zeit ungestört sind. Folgen Sie Ihrem Atem und spüren Sie, wie Sie langsam zur Ruhe kommen.

Stellen Sie sich jetzt eine Treppe vor, die Sie hinunter gehen. Am Ende der Treppe ist eine Tür. Gehen Sie in Ihrem Tempo Stufe für Stufe auf sie zu. Wenn Sie angekommen sind, öffnen Sie die Tür und treten Sie in IHREN Raum dahinter ein. Verweilen Sie an diesem Ort, schauen Sie sich um und spüren Sie nach: Wartet die Weise Frau auf Sie? Müssen / sollen Sie sich auf den Weg machen?

Folgen Sie Ihren eigenen inneren Bildern, ab hier sind Sie alleine unterwegs. Hören Sie auf Ihr Gefühl, lassen Sie sich aus Ihrem Inneren leiten. Sie spüren, wo Sie hingehen oder ob Sie warten müssen...

Sehen Sie die Weise Frau, so begegnen Sie ihr achtsam und respektvoll. Stellen Sie ihr Ihre Frage und warten Sie ab, was sie Ihnen zu sagen / zu geben hat. Seien Sie offen für alles, was kommt und beteiligen Sie sich wie im realen Leben auch am Gespräch. Danken Sie ihr am Ende und machen Sie sich wieder auf Ihren Weg...

Wenn Sie mögen und es sich jetzt stimmig anfühlt, verweilen Sie noch etwas an Ihrem inneren Ort, bevor Sie wieder in die Wirklichkeit zurückkehren...

Nehmen Sie sich etwas Zeit, um Ihrer Imagination nachzuspüren, machen Sie sich Notizen, malen Sie etwas...

➤ Wie war die Begegnung mit der Weisen Frau?

➤ Wie war Ihr Körpergefühl währenddessen?

➤ Wo haben Sie sich getroffen – war sie da, mussten Sie einen weiten Weg gehen...?

➤ Wie ist Ihr gemeinsames Gespräch verlaufen?

➤ Was war besonders hilfreich für Sie?

➤ Wie finden Sie die weise Frau wieder?

Sie können die Besuche bei der Weisen Frau regelmäßig in Ihren Alltag einbauen, wenn Sie Hilfe und Unterstützung brauchen. Sie können von Ihrem Inneren Ort aus immer wieder den Kontakt zu ihr aufsuchen. Vielleicht hat die weise Frau Sie auch gebeten, regelmäßig zu kommen... Oder Sie sollen sich vorher konkreter ankündigen – was auch immer Sie vereinbart haben, machen Sie es zu einem festen Bestandteil Ihres Alltags / Lebens.

Wenn wir den Blick in die Tiefe wagen, setzen wir uns der Wandlung aus. Wir können uns nicht weiter vor dem neuen Wissen verschließen. Wir haben hinter unsere Fassade(n) blicken können und sind jetzt in der

Verantwortung, authentisch zu handeln. Wir können nicht weiter so tun, als wüssten wir nicht, wie es wirklich in uns aussieht. Mit unserem Gang in die Tiefe sind wir eine Verpflichtung mit uns selbst eingegangen. Doch genau das ist es, was uns antreibt: Unsere Innere Weisheit, unsere tiefe Sehnsucht, der Kern, der uns als Mensch ausmacht. Ohne sie machen wir uns nicht auf unseren Weg, sondern bleiben dort stehen, wo wir jetzt gerade sind. Doch um auf unserem Weg bleiben zu können, müssen wir dieser Sehnsucht auch folgen. Bei dem Blick in die Tiefe – ein stabiles Ich[7] vorausgesetzt! – sehen wir nicht mehr, als wir in der Lage sind, zu verarbeiten und zu integrieren. Wir müssen also keine Angst vor unserem Unbewussten mit seinen Schatten haben. Vielmehr ist es so, dass wir das, was wir mit unserem Bewusstsein beleuchten und verarbeiten, viel besser annehmen und integrieren können, als die unspezifischen Aspekte, die wir in unseren dunklen Ecken vermuten.

Wir brauchen diese Tiefe, um auf unserem Weg einen Sinn zu erkennen. Darüber knüpfen wir an unser Ziel an, verbinden uns mit der „Inneren Weisheit" und folgen dem roten Faden, der sich daraus ergibt. Diesen „roten Faden" erkennen wir in den nächsten Kapiteln immer mehr. Hier bekommt der Tanz (und alle anderen schöpferischen Methoden) einen besonderen Stellenwert. Denn wenn wir in die Tiefe geblickt haben, sind wir aufgefordert, dieses Wissen umzusetzen, mit unseren Möglichkeiten weiter zu bringen, zu gestalten und zu erweitern. Im nächsten Schritt geht es also darum, unsere Vision, unser Ziel aktiv in die Realität umzusetzen und dem Gefühl in uns zu folgen. Bevor wir dafür den Tanz nutzen, folgen wir im nächsten Kapitel der

---

[7] Im Kapitel „Ausgangspunkt" habe ich beschrieben, wie wichtig ein stabiles Ich ist, woran wir es erkennen und was es bedeutet. Sollte es diesbezüglich Zweifel geben, führen Sie die Übungen bitte nicht ohne professionelle Begleitung durch eine/n Therapeuten/in durch.

Märchenheldin Allerleirau, die diesen Weg auch gehen musste und von der wir uns inspirieren und anregen lassen können.

Durch die Auseinandersetzung mit unserem Unbewussten erschließen wir uns eine innere Landkarte. Was vorher diffus, vielleicht sogar dunkel war, bekommt nun Kontur und Farbe. Je tiefer wir gehen, je ernsthafter und achtsamer wir dabei sind, desto besser können wir uns hier fortbewegen. Wir können unseren Weg überblicken, erkennen Zusammenhänge und können uns neue Wege erschließen. Im besten Fall wissen wir, wo wir Hilfe erwarten können, wo Platz zum Zuhören, Ausruhen und Zusammensein ist – wie in unserem realen Leben. Mit der Zeit wird uns unsere Innenwelt so immer vertrauter, so dass sie zu einem wirklichen Rückzugsort wird, aus dem wir neue Kraft schöpfen können. Wie wichtig so ein Rückzugsort ist, sehen wir auch in dem folgenden Märchen.

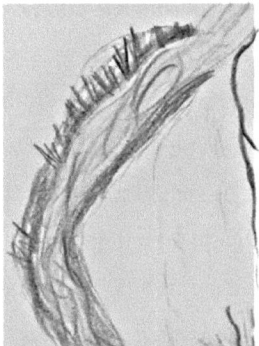

Wie sieht unser Weg aus? Wie bleiben wir im Fluss und was brauchen wir,

um auch Hindernisse und Blockaden überwinden zu können?

Hier ist Platz für Ihren eigenen „Weg".

"Das verstehen der eigenen Situation wird manchmal auch im Spiegel eines Märchens möglich" (Dorst, 2007).

Wie ich es im letzten Kapitel schon erwähnt habe, können uns Märchen helfen, uns überhaupt auf den Weg zu machen. Sie geben uns die nötige Motivation und Sicherheit, dass es sich lohnt, den nächsten Schritt zu wagen und dass es im Bereich des Möglichen liegt, dass wir am Ende ankommen. Das Märchen kann uns Aspekte und Möglichkeiten aufzeigen, die uns nicht bewusst sind. Wie ich es in den vorhergehenden Kapiteln erläutert habe, nehmen wir die Umwelt durch unser Ich eingeschränkt wahr. Es filtert unsere Eindrücke, so dass lediglich die Informationen bei uns ankommen, die jetzt für uns wichtig sind. Alles, was darum herum geschieht, welche weiteren Optionen sich dort möglicherweise verstecken, ist für uns in dem Moment nicht interessant. Sind wir nicht explizit auf bestimmte Themen fokussiert, blenden wir alles weitere aus. Das ist auch gut so – sonst wären wir ständig mit einer Flut von Reizen konfrontiert, die wir irgendwie einordnen müssen. Aber es schränkt eben auch ein und lässt Gegebenheiten außer Acht, die für uns und unsere weitere Entwicklung vielleicht wichtig sein könnten. Unser eigener Fokus ist wichtig, unsere Bewusstheit darüber, was wir wollen und was uns wichtig ist. Hier kann uns das Märchen helfen, eine andere, etwas distanziertere, Perspektive einzunehmen. Märchen erweitern unseren Blickwinkel, ermöglichen aber zugleich eine Distanz zu unserer eigenen Situation. Wir sind nicht mehr in unserem eigenen Erleben gefangen, sondern offen für all das andere, was da noch sein kann. Neugier stellt sich ein: Was geschieht wohl mit dem Helden? Wird er seinen Weg gehen und seine Aufgaben meistern können? In diesem Mitgehen mit dem Held / der Heldin projizieren wir auch Anteile von uns selbst in das Märchen: Wo habe ich mich so gefühlt? An welcher Stelle befinde ich mich? Was berührt mich?

Wie wir ein Märchen aufnehmen, welche Aspekte uns davon besonders berühren, hängt immer auch davon ab, in welcher Lebenssituation wir uns befinden. Neben unserer allgemeinen Konstitution, unseren Vorlieben, unserer Einstellung und unserer Persönlichkeit, ist es vor allem unsere äußere, reale Situation, die uns jetzt prägt und die uns auf bestimmte Aspekte des Märchens besonders reagieren lässt.

Märchen stellen Symbole in einen persönlichen Prozess hinein und geben dadurch Halt, Struktur und Hoffnung – so etwas wie einen „Anker". Äußere Symbole geben uns die Sicherheit, uns mit uns selbst zu beschäftigen, in uns selbst Kräfte zu finden, von denen wir nichts geahnt haben. Durch die Märchen und ihre Symbolik können wir uns an kollektiven Bildern orientieren (vgl. Kast, 2002, S. 82ff). Die Auseinandersetzung mit Märchen lässt uns den kollektiven Charakter unseres individuellen Problems erkennen (vgl. Vogel, 2008, S. 90). Märchen können uns einen Kontext für die eigene Situation geben, diese erhellen und darüber hinaus verborgen geglaubte Gefühle wachrufen. Damit vermitteln sie ein Gefühl von Zuversicht und Aufgehoben sein. Aufgehoben in und verbunden mit der kollektiven Tiefenschicht der menschlichen Geschichte.

Lassen wir uns auf die Welt der Märchen ein, eröffnet sich uns ein unermesslicher neuer Ideenreichtum. Nicht nur werden wir gedanklich und gefühlsmäßig in fremde Welten entführt, wir werden auch mit uns selbst konfrontiert, erfahren neue Perspektiven und können durch diese Bereicherung auch unser eigenes Leben bereichern. Die Möglichkeiten der Märchenarbeit sind mannigfaltig und faszinierend. Sie regen unsere Phantasie an und lassen das Leben in einem bunteren Licht erscheinen: es ist nicht nur hell oder

dunkel: es ist immer beides und diese Dynamik ist es, die Lebendigkeit ausmacht.

Um den Prozess aufzuzeigen, den es braucht, um sich auf den eigenen
Weg zu machen, habe ich das Märchen ALLERLEIRAU aus der Märchensamm-
lung der Gebrüder Grimm ausgesucht. Anhand dieses Märchens will ich die
möglichen Schritte aufzeigen, mit denen wir uns einem Märchen nähern, mit
ihm arbeiten und für uns wichtige Erkenntnisse sowie Handlungsimpulse
erhalten können. Ein Märchen, dessen Beginn wir sicher kontrovers sehen
können, in dessen Verlauf jedoch der eigene Weg gut nachverfolgt werden
kann. Um Ihnen möglichst viel Freiheit bei der Auseinandersetzung mit dem
Märchen zu geben, folgt eine kurze allgemeine Einführung in die Arbeit mit
Märchen im Sinne der Analytischen Psychologie. Nach dem Märchentext haben Sie ausreichend Gelegenheit – FreiRaum - , um Ihre eigenen Reaktionen
auf das Märchen zu notieren. Dabei leite ich sie möglichst praktisch an, so,
als befänden Sie sich in einem Seminar über Märchen und deren praktischer
Anwendung.

Um das Märchen in unserem Kontext diskutieren und einige Besonderhei-
ten herausstellen zu können, folgt abschließend meine Auslegung des Märchens. Bitte sehen Sie diese als Anregung und Bereicherung Ihrer eigenen
Gedanken. Sie soll mögliche weitere Orientierungspunkte auf Ihrer persönlichen Landkarte aufzeigen und den dahinter stehenden Entwicklungsprozess
erhellen. Auf keinen Fall stellen meine Ausführungen eine abschließende Interpretation dar – Märchen können in immer neuen Kontexten betrachtet
werden und somit auch einen anderen Schwerpunkt der Aussage erhalten.
An dieser Stelle soll es nicht um eine Märcheninterpretation gehen. Es soll
vielmehr gezeigt werden, wie wir mit Märchen arbeiten können, wo wir

ansetzen können, welche Assoziationen sich auftun und wie man diesen weiter nachgehen kann. Im Anschluss an den Märchentext werde ich in Anlehnung an meine „Anleitung zur Märchenarbeit" so fortfahren, wie ich das in meinen Gruppen handhabe und dadurch einen praktischen Einblick geben. Dieser ist wie alle Vorschläge in diesem Buch als Inspiration zur eigenen Arbeit gedacht und nicht als starre Vorgehensweise zu verstehen. Es ist eine Möglichkeit von vielen, sich Märchen zu nähern. Im Anschluss an die folgenden praktischen Ausführungen gibt es einen kurzen theoretischen Überblick, der dabei hilft, Ihre persönlichen Erfahrungen einzuordnen, vielleicht besser zu verstehen und welcher die Möglichkeit der Vertiefung gibt.

„Je länger man Märchen meditiert, je mehr man sich mit ihnen beschäftigt, desto mehr öffnen sie sich und zeigen verborgene Feinheiten und Schattierungen, die man vorher übersehen hatte" (Dieckmann, 1991, S. 66).

Um Sie ganz anschaulich mit auf den Weg zu nehmen, beginnen wir mit der Märchenarbeit. Nehmen Sie sich ungefähr eine Stunde Zeit, in der Sie ungestört sind. Machen Sie es sich bequem und legen Sie sich Papier und Stifte bereit. Wenn Sie mögen, lassen Sie sich das Märchen von einer vertrauten Person vorlesen, oder lesen Sie es selber in einer entspannten Atmosphäre. Lassen Sie das Märchen und seine Eindrücke in Ruhe wirken, nehmen Sie Ihre eigene Situation wahr, die sich beim Hören oder Lesen des Märchens vielleicht verändert hat. Ähnlich, wie Sie es von der Eingangsübung her kennen, kann auch beim Märchen hören bzw. lesen der Körper und unsere (Körper-) Stimmung mit einbezogen werden. Märchen sind verdichtete Menschheitserfahrungen und dazu gedacht, etwas in Ihnen anzuregen, etwas in Bewegung zu bringen. Über unseren Körper spüren wir recht unmittelbar, was dieses „Etwas" ist.

Allerleirau (Aus der Ausgabe des Verlages Urachhaus, 3. Auf-
lage 2013, Nr.: 43; mit freundlicher Genehmigung):

Es war einmal ein König, der hatte eine Frau mit goldenen
Haaren, und sie war so schön, dass sich ihresgleichen nicht
mehr auf Erden fand. Es geschah, dass sie krank lag, und als
sie fühlte, dass sie bald sterben würde, rief sie den König
und sprach: „Wenn du nach meinem Tode dich wieder vermählen
willst, so nimm keine, die nicht ebenso schön ist, als ich
bin, und die nicht solche goldene Haare hat, wie ich habe;
das musst du mir versprechen." Nachdem es ihr der König ver-
sprochen hatte, tat sie die Augen zu und starb.

Der König war lange Zeit nicht zu trösten und dachte nicht
daran, eine zweite Frau zu nehmen. Endlich sprachen seine
Räte: „Es geht nicht anders, der König muss sich wieder vermählen, damit wir eine Königin haben." Nun wurden Boten weit
und breit umhergeschickt, eine Braut zu suchen, die an
Schönheit der verstorbenen Königin ganz gleichkäme. Es war
aber keine in der ganzen Welt zu finden, und wenn man sie
auch gefunden hätte, so war doch keine da, die solche goldene Haare gehabt hätte. Also kamen die Boten unverrichteter
Sache wieder heim.

Nun hatte der König eine Tochter, die war gerade so schön,
wie ihre verstorbene Mutter und hatte auch solche goldene
Haare. Als sie herangewachsen war, sah sie der König einmal
an und sah, dass sie in allem seiner verstorbenen Gemahlin
ähnlich war, und fühlte plötzlich eine heftige Liebe zu ihr.
Da sprach er zu seinen Räten: „Ich will meine Tochter heiraten, denn sie ist das Ebenbild meiner verstorbenen Frau und
sonst kann ich doch keine finden, die ihr gleicht." Als die

Räte das hörten, erschraken sie und sprachen: „Gott hat ver-
boten, dass der Vater seine Tochter heirate, aus der Sünde
kann nichts Gutes entspringen, und das Reich wird mit ins
Verderben gezogen." Die Tochter erschrak noch mehr, als sie
den Entschluss ihres Vaters vernahm, hoffte aber, ihn von
seinem Vorhaben noch abzubringen. Da sagte sie zu ihm: „Eh
ich Euren Wunsch erfülle, muss ich erst drei Kleider haben,
eins so golden wie die Sonne, eins so silbern wie der Mond
und eins so glänzend wie die Sterne; ferner verlange ich einen Mantel von tausenderlei Pelz und Rauwerk zusammenge-
setzt, und ein jedes Tier in eurem Reich muss ein Stück von
seiner Haut dazu geben." Sie dachte aber: „Das anzuschaffen
ist ganz unmöglich, und ich bringe damit meinen Vater von
seinem bösen Gedanken ab." Der König ließ aber nicht ab, und
die geschicktesten Jungfrauen in seinem Reiche mussten die
drei Kleider weben, eins so golden wie die Sonne, eins so
silbern wie der Mond und eins so glänzend wie die Sterne;
und seine Jäger mussten alle Tiere im ganzen Reiche auffangen und ihnen ein Stück von ihrer Haut abziehen; daraus ward
ein Mantel von tausenderlei Rauwerk gemacht. Endlich, als
alles fertig war, ließ der König den Mantel herbeiholen,
breitete ihn vor ihr aus und sprach: „Morgen soll die Hochzeit sein."

Als nun die Königstochter sah, dass keine Hoffnung mehr war,
ihres Vaters Herz umzuwenden, so fasste sie den Entschluss,
zu entfliehen. In der Nacht, während alles schlief, stand
sie auf und nahm von ihren Kostbarkeiten dreierlei, einen
goldenen Ring, ein goldenes Spinnrädchen und ein goldenes
Haspelchen; die drei Kleider von Sonne, Mond und Sternen tat
sie in eine Nussschale, zog den Mantel von allerlei Rauwerk

an und machte sich Gesicht und Hände mit Ruß schwarz. Dann
befahl sie sich Gott und ging fort und ging die ganze Nacht,
bis sie in einen großen Wald kam. Und weil sie müde war,
setzte sie sich in einen hohlen Baum und schlief ein.

Die Sonne ging auf, und sie schlief fort und schlief noch
immer, als es schon hoher Tag war. Da trug es sich zu, dass
der König, dem dieser Wald gehörte, darin jagte. Als seine
Hunde zu dem Baum kamen, schnupperten sie, liefen rings
herum und bellten. Sprach der König zu den Jägern: „Seht
doch, was dort für ein Wild sich versteckt hat." Die Jäger
folgten dem Befehl, und als sie wiederkamen, sprachen sie:
„In dem hohlen Baum liegt ein wunderliches Tier, wie wir
noch niemals eins gesehen haben: An seiner Haut ist tausenderlei Pelz; es liegt aber und schläft." Sprach der König:
„Seht zu, ob ihrs lebendig fangen könnt, dann bindets auf
den Wagen und nehmts mit." Als die Jäger das Mädchen anfass-
ten, erwachte es voll Schrecken und rief ihnen zu: „Ich bin
ein armes Kind, von Vater und Mutter verlassen, erbarmt euch
mein und nehmt mich mit." Da sprachen sie: „Allerleirau, du
bist gut für die Küche, komm nur mit, da kannst du die Asche
zusammenkehren." Also setzten sie es auf den Wagen und fuh-
ren heim in das königliche Schloss. Dort wiesen sie ihm ein
Ställchen an unter der Treppe, wo kein Tageslicht hinkam,
und sagten: „Rautierchen, da kannst du wohnen und schlafen."
Dann ward es in die Küche geschickt, da trug es Holz und
Wasser, schürte das Feuer, rupfte das Federvieh, belas das
Gemüs, kehrte die Asche und tat alle schlechte Arbeit.

Da lebte Allerleirau lange Zeit recht armselig. Ach, du
schöne Königstochter, wie sollst mit dir noch werden! Es geschah aber einmal, dass ein Fest im Schloss gefeiert ward,

da sprach sie zum Koch: „Darf ich ein wenig hinaufgehen und zusehen? Ich will mich außen vor die Türe stellen." Antwortete der Koch: „Ja, geh nur hin, aber in einer halben Stunde musst du wieder hier sein und die Asche zusammentragen." Da nahm sie ihr Öllämpchen, ging in ihr Ställchen, zog den Pelzrock aus und wusch sich den Ruß von dem Gesicht und den Händen ab, sodass ihre volle Schönheit wieder an den Tag kam. Dann machte sie die Nuss auf und holte ihr Kleid hervor, das wie die Sonne glänzte. Und wie das geschehen war, ging sie hinauf zum Fest, und alle tragen ihr aus dem Weg, denn niemand kannte sie und meinten nicht anders, als dass es eine Königstochter wäre. Der König aber kam ihr entgegen, reichte ihr die Hand und tanzte mit ihr und dachte in seinem Herzen: „So schön haben meine Augen noch keine gesehen." Als der Tanz zu Ende war, verneigte sie sich, und wie sich der König umsah, war sie verschwunden und niemand wusste, wohin. Die Wächter, die vor dem Schlosse standen, wurden gerufen und ausgefragt, aber niemand hatte sie erblickt. Sie war aber in ihr Ställchen gelaufen, hatte geschwind ihr Kleid ausgezogen, Gesicht und Hände schwarz gemacht und den Pelzmantel umgetan, und war wieder Allerleirau. Als sie nun in die Küche kam und an ihre Arbeit gehen und die Asche zusammenkehren wollte, sprach der Koch: „Lass das gut sein bis morgen und koche mir da die Suppe für den König, ich will auch einmal ein bisschen oben zugucken; aber lass mir kein Haar hineinfallen, sonst kriegst du in Zukunft nichts mehr zu essen." Da ging der Koch fort, und Allerleirau kochte eine Brotsuppe, so gut es konnte; und wie sie fertig war, holte es in dem Ställchen seinen goldenen Ring und legte ihn die Schüssel, in welche die Suppe angerichtet ward. Als der Tanz zu Ende war, ließ sich der König die Suppe bringen und aß sie, und sie schmeckte ihm so gut, dass er meinte, niemals eine bessere Suppe gegessen zu haben. Wie er aber auf den Grund kam, sah er da einen goldenen Ring liegen und konnte nicht begreifen, wie er dahin geraten war. Da befahl er, der Koch sollte vor ihn kommen. Der Koch erschrak, wie er den Befehl hörte, und sprach zu Allerleirau: „Gewiss hast du ein Haar in die Suppe fallen lassen; wenns wahr ist, so kriegst du Schläge." Als er vor den König kam, fragte dieser, wer die Suppe gekocht hätte. Antwortete der Koch: „Ich habe sie gekocht." Der König aber sprach: „Das ist nicht wahr, denn sie war auf andere Art und viel besser gekocht als sonst." Antwortete er: „Ich muss es gestehen, dass ich sie nicht gekocht habe, sondern das Rautierchen." Sprach der König: „Geh und lass es heraufkommen."

Als Allerleirau kam, fragte der König: „Wer bist du?" – „Ich bin ein armes Kind, das keinen Vater und Mutter mehr hat." Fragte er weiter: „Wozu bist du in meinem Schloss?" Antwortete es: „Ich bin zu nichts gut, als dass mir die Stiefel um den Kopf geworfen werden." Fragte er weiter: „Wo hast du den Ring her, der in der Suppe war?" Antwortete es: „Von dem Ring weiß ich nichts." Also konnte der König nichts erfahren und musste es wieder fortschicken.

Über eine Zeit war wieder ein Fest, da bat Allerleirau den Koch wie voriges Mal um Erlaubnis, zusehen zu dürfen. Antwortete er: „Ja, aber komm in einer halben Stunde wieder und koch dem Könige die Brotsuppe, die er so gerne isst." Da lief es in sein Ställchen, wusch sich geschwind und nahm aus der Nuss das Kleid, das so silbern war wie der Mond, und tat es an. Dann ging es hinauf und glich einer Königstochter; und der König trat ihr entgegen und freute sich, dass er sie

wiedersah, und weil eben der Tanz anhub, so tanzten sie zusammen. Als aber der Tanz zu Ende war, verschwand sie sie
wieder so schnell, dass der König nicht bemerken konnte, wo
sie hinging. Sie sprang aber in ihr Ställchen und machte
sich wieder zum Rautierchen und ging in die Küche, die Brotsuppe zu kochen. Als der Koch oben war, holte es das goldene
Spinnrad und tat es in die Schüssel, sodass die Suppe darüber angerichtet wurde. Danach ward sie dem König gebracht,
der aß sie, und sie schmeckt ihm so gut wie das vorige Mal,
und ließ den Koch kommen, der musste auch diesmal gestehen,
dass Allerleirau die Suppe gekocht hätte. Allerleirau kam da
wieder vor den König, aber sie antwortete, dass sie nur dazu
da wäre, dass ihr die Stiefeln an den Kopf geworfen würden,
und dass sie von dem goldenen Spinnrädchen gar nichts
wüsste.

Als der König zum dritten Mal ein Fest anstellte, da ging es
nicht anders, als die vorigen Male. Der Koch sprach zwar:
„Du bist eine Hexe, Rautierchen, und tust immer etwas in die
Suppe, davon sie so gut wird und dem König besser schmeckt,
als was ich koche." Doch weil es so bat, so ließ er es auf
die bestimmte Zeit hingehen. Nun zog es ein Kleid an, das
wie die Sterne glänzte, und trat damit in den Saal. Der König tanzte wieder mit der schönen Jungfrau und meinte, dass
sie noch niemals so schön gewesen wäre. Und während er
tanzte, steckte er ihr, ohne dass sie es merkte, einen goldenen Ring an den Finger, und hatte befohlen, dass der Tanz
recht lange währen sollte. Wie er zu Ende war, wollte er sie
an den Händen festhalten, aber sie riss sich los und sprang
so geschwind unter die Leute, dass sie vor seinen Augen verschwand. Sie lief, was sie konnte, in ihr Ställchen unter

die Treppe; weil sie aber zu lange und über eine halbe
Stunde geblieben war, so konnte sie das schöne Kleid nicht
ausziehen, sondern warf nur den Mantel von Pelz darüber, und
in der Eile machte sie sich auch nicht ganz rußig, sondern
ein Finger blieb weiß. Allerleirau lief nun in die Küche,
kochte dem König die Brotsuppe und legte, wie der Koch fort
war, den goldenen Haspel hinein. Der König, als der den Haspel auf dem Grunde fand, ließ Allerleirau rufen: Da er-
blickte er den weißen Finger und sah den Ring, den er im
Tanze ihr angesteckt hatte. Da ergriff er sie an der Hand
und hielt sie fest, und als sie sich losmachen und
fortspringen wollte, tat sich der Pelzmantel ein wenig auf
und das Sternenkleid schimmerte hervor. Der König fasste den
Mantel und riss ihn ab. Da kamen die goldenen Haare hervor
und sie stand da in voller Pracht und konnte sich nicht länger verbergen. Und als sie Ruß und Asche aus ihrem Gesicht
gewischt hatte, da war sie schöner, als man noch jemand auf
Erden gesehen hatte. Der König aber sprach: „Du bist meine
liebe Braut und wir scheiden nimmermehr voneinander." Darauf
ward die Hochzeit gefeiert, und sie lebten vergnügt bis an
ihren Tod.

➢ Lassen Sie das Märchen wirken, nehmen Sie sich einen Augenblick
Zeit und spüren in sich hinein:

⇨ Welche Bilder steigen in Ihnen auf?

⇨ Was ist am eindrücklichsten haften geblieben?

⇨ Was hat Sie am meisten berührt?

⇨ Womit konnten Sie sich identifizieren?

⇨ Wo haben Sie sich verstanden gefühlt?

⇨ Was hat Sie empört?

o   Diese Fragen sind nur Beispiele. Sie müssen nicht jede beantworten, sie dienen lediglich als Anregung für Ihre eigenen Wahrnehmungen. Vielleicht gehen Ihre Bilder und
Ideen in eine ganz andere, eigene Richtung...

⇨   Bleiben Sie noch einen Moment bei diesem achtsamen
Nachspüren: hat sich Ihr Körpergefühl verändert?

⇨   Hat sich an Ihrem Körper etwas gezeigt – ein Unwohlsein,
Freude, Aufregung, ein Aufatmen etc.?

o   Spüren Sie auch hier nochmal kurz nach, bevor Sie
sich Ihrem Bild zuwenden

⇨   Aus dieser Stimmung heraus können Sie dann ein Bild malen bzw. gestalten, das Ihre Resonanz auf das Märchen wiedergibt.
Dabei muss es kein Motiv aus dem Märchen direkt sein. Vielleicht
ist es etwas, das beim Hören bzw. Lesen des Märchens in Ihnen an-
geklungen ist. Lassen Sie sich ganz von Ihren Eindrücken leiten, es
geht weder darum, das Märchen „richtig" zu interpretieren / darzustellen noch darum, dass das Bild besonders gut aussieht. Durch das
Malen / Gestalten sollen die Inhalte des Märchens vor allem in das
persönliche Erleben gebracht werden. Folgende Anregungen können dabei hilfreich sein:

o   Lassen Sie sich von Ihrer Intuition leiten:

•   Welche Farben sprechen Sie dabei besonders an?

•   Welche Formen / Linien / Symbole sollen damit
gestaltet werden?

•   Welchen Eindruck möchten Sie zu Papier bringen?

•   Lassen Sie sich dabei ganz auf den intuitiven

Prozess des Malens ein

- Folgen Sie auch während des Malprozesses Ihrem intuitiven (Körper-)Gefühl

⇨ Lassen Sie Ihr Bild im Anschluss auf sich wirken:

- welche Stimmungen werden beim Betrachten in Ihnen geweckt?
- Sehen Sie Parallelen zu sich / Ihrer Lebenssituation und dem Märchen?

  ⇨ Was sagt Ihr Bild aus?

  ➢ Über das Märchen?

  ➢ Über Sie / Ihren Lebensweg?

⇨ Hinterfragen Sie auch den Malprozess:

- Fiel es Ihnen leicht?
- Konnten Sie sich dem, was gestaltet werden wollte, gut öffnen?
- Oder brauchte es eine gewisse Zeit und vielleicht auch Anstrengung, bis Sie im Fluss waren?

⇨ Kehren Sie jetzt noch einmal zu dem Märchen zurück:

  o Welche Aspekte davon waren für Sie besonders hilfreich?

  o Was haben Sie am intensivsten erinnert?

  o Konnten Sie Verbindungen zu sich und Ihrem Leben herstellen?

  o Gibt es Aspekte des Märchens, die für Sie konkret hilfreich sind?

  o Konnten Sie Anregung und Zuversicht erfahren?

Wenn ich im Folgenden meine Ausführungen des Märchens beschreibe und auf die „Innere Weisheit" beziehe, sehen Sie diese bitte wieder als Inspirationen, die Ihnen helfen sollen, Ihre eigenen Gedanken zu Ihrem eigenen Weg besser zu verstehen, einzuordnen und zu ergänzen. In einem Seminar wäre der Vorgang ähnlich: nachdem ich das Märchen vorgelesen habe und jede/r Teilnehmer/in ausreichend Zeit für ihre / seine eigene Reflexion und zum Malen ihres / seines Bildes hatte, besprechen wir in der Gruppe die einzelnen Bilder und die dahinterstehenden Gedanken. Sehen Sie meine Ausführungen also als einen verschriftlichen Austausch. Gehen Sie dabei immer wieder zu sich und Ihren eigenen Gedanken zurück, so dass Sie Ihre eigene Landkarte vertiefen. Es soll hier nicht darum gehen, dass Sie meine Auslegungen verinnerlichen, sondern dass Sie meine Anregungen aufgreifen und für sich verwenden. Jeder Mensch und jede Lebenssituation ist anders und erfordert andere Fähigkeiten und Vorgehensweisen. Lassen Sie sich so auf das Märchen ein, wie und wo Sie jetzt sind.

Märchen wirken je nach unserer Stimmung und persönlichen Lebenslage unterschiedlich auf uns. Ein Märchen, dass Sie in einer anderen Lebensphase gehört haben, kann heute ganz anders auf Sie wirken als damals – und Ihnen dabei eine Entwicklung, eine Veränderung bei Ihnen selbst aufzeigen. Deswegen können Märchen nicht schlussendlich gedeutet werden – jede Interpretation bezieht sich auf einen bestimmten Aspekt und lässt dabei viele andere Möglichkeiten aus. Das Märchen von Allerleirau ist so reich an Symbolen, dass ich hier nur einige Aspekte darstellen kann. Ich werde verschiedene Stationen aus Allerleiraus Weg aufgreifen, um deutlich zu machen, welche Phasen es geben kann, was charakteristisch und im Spiegel des Märchens hilfreich ist.

→   Doch zunächst lade ich Sie ein, für sich die besonderen
Punkte zu skizzieren, die Ihnen auf Allerleiraus Weg aufgefallen sind.
Was erscheint Ihnen wichtig / besonders schwierig / hilfreich etc.?
Um einen Bezug zu sich und Ihrer eigenen Entwicklung herzustellen,
skizzieren Sie jetzt die Phasen und Stationen Ihres Lebens, die Ihnen
wichtig etc. erscheinen. Vielleicht entdecken Sie deutliche Unter-
schiede, Parallelen oder auch Hilfreiches, was Sie von Allereiraus
Weg lernen können.

DER WANDEL KÜNDIGT SICH AN

Die Ausgangssituation eines Märchens zeigt uns deutlich, woran es mangelt und welche Lebensaspekte neu integriert werden müssen. So auch bei
Allerleirau: Der Beginn zeigt uns deutlich die aktuelle Situation. Die Mutter
stirbt, jedoch nicht, ohne Ihrem Mann ein Vermächtnis zu hinterlassen. Was
das für Allerleirau bedeutet und welche Folgen es für ihren weiteren Weg
hat, sehen wir am Verlauf des Märchens. Auch wenn Ihre Ausgangssituation
eine ganz andere ist, können sie für sich daraus mitnehmen, dass es zu Beginn häufig einen Mangel / eine Krise gibt – sonst würden wir uns nicht auf
den Weg machen. Vielleicht wollen Sie kurz innehalten und sich an Ihren
Ausgangspunkt erinnern: Wie könnte Ihre Ausgangssituation märchenhaft
beschrieben werden? So erhellen Sie Schritt für Schritt Ihre „Innere Landkarte".

Hier am Anfang bei Allerleirau zumindest wird deutlich, dass die alte
Form der Weiblichkeit stirbt und es nun – in der Situation des Märchens –
nur Allerleirau als Frau bzw. als heranwachsende Frau gibt. Somit fehlt

Allerleirau nicht nur ihre persönliche Mutter, sondern sie ist herausgefordert, den weiblichen und im Weiteren den mütterlichen Aspekt selbst einzunehmen – zunächst für sich selbst, später auch für andere. Noch ist sie nicht bereit dazu, noch braucht sie selber diesen Schutz. Doch schon bald entdeckt der Vater bei seiner vergeblichen Suche nach einer Frau, die seiner verstorbenen Frau in Glanz und Schönheit in nichts nachstehen soll, dass seine Tochter Allerleirau diese Forderungen in allem erfüllt. *„Die Bedrohungen stellen sich im Märchen immer dann ein, wenn ein neuer Entwicklungsschritt ansteht" (Kast, 1998, S. 21).*

In meinen Gruppen sind viele Frauen empört über den Inzest, der von dem Vater so vehement gefordert wird. Hier möchte ich diese Ausgangssituation symbolisch betrachten, als Unvermögen des männlichen Anteils – also des Vaters – loszulassen. Beziehen wir das Märchen auf uns, betrachten es also subjektstufig[8], so können wir uns fragen, welcher Teil von uns nicht loslassen will. Oder auch auf der Objektstufe: Was hält hier so sehr fest, dass die eigene Entwicklung (hier des Weiblichen) eingeschränkt wird? Der König hält also um die Hand seiner Tochter an, ohne sie als eigenständige Person zu erkennen. Alles, was er sieht, ist der Glanz seiner - verstorbenen! – Frau, womit der alte König zu sehr an Altem, schon Vergangenem festhält, ohne der Bereitschaft, sich dem Neuen zuzuwenden und selber Wandlung zuzulassen. Um sich vor dem Heiratswillen des Vaters zu schützen, erlegt Allerleirau ihm drei Aufgaben auf, wie wir es aus Märchen von Prinzessinnen bzw. deren Vätern gegenüber ihren Freiern kennen. Diese dienen dazu, die Hochzeit unmöglich zu machen und begleiten sonst in Märchen den

---

[8] subjektstufig: Alles, was im Märchen geschieht, können wir als Teile von uns selbst betrachten. Im Gegensatz zu objektstufig, wobei alles als Personen / Dinge etc. außerhalb von uns, in unserem Leben betrachtet wird.

Wandlungsprozess des Helden sowie der Prinzessin. Hier leiten sie den Entwicklungsprozess von Allerleirau ein. Ebenso wie die Heldin im Märchen
müssen auch wir uns ganz auf die Situation einlassen, um sie bewältigen
und Lösungsansätze entwickeln zu können. In der aktuellen Situation helfen
Allerleirau ihre Vorkehrungen noch nicht, doch erlangen sie später Bedeutung. Hier nimmt sie also etwas vorweg, was ihr später helfen kann, sich zu
entwickeln – vielleicht auch, sich zu erinnern, Teile von sich selbst zu integrieren und nicht zu vergessen. Dieses „sich-erinnern" ist auch für uns wichtig, damit gerade bewusst Gewordenes nicht sofort wieder in dem Unbewussten versinkt und wir unsere damit verbundenen Erkenntnisse nicht
gleich wieder verlieren, bevor wir sie für uns verarbeiten und integrieren
konnten. Auch das Erinnern an Anteile von uns, die mal sehr lebendig waren
und jetzt vielleicht immer mehr verschwinden, ist wichtig für unsere Lebensgeschichte. Dadurch haben wir ein Gefühl für uns als Ganzes, wir wissen, wer wir waren, wer wir sein könnten und geben den verschiedenen Facetten von uns Raum. Somit können die Kleider bzw. deren Bedeutung für
etwas stehen, das Allerleirau noch für sich selbst erfahren und annehmen
muss. Wie wir in dem Kapitel „Ausgangspunkt" erfahren haben, ist es für
uns besonders wichtig, zu Beginn zu wissen, wer wir sind, unser „Ich-Bewusstsein" als stabil und verlässlich zu erfahren – sonst sind wir nicht stark
genug, um uns auf unseren Weg zu machen. Der Blick in die Tiefe setzt immer auch ein intaktes Ich voraus. Doch es braucht ebenso die innere Bereitschaft, das Wagnis einzugehen – ist diese nicht oder zu wenig vorhanden,
verlieren wir die erworbenen Kostbarkeiten schnell wieder.

DER EIGENE WEG

Als Allerleirau nun merkt, dass sie ihren Vater trotz allem nicht davon abhalten kann, sie zu heiraten, geht sie fort. Sie packt zusätzlich zu den Kleidern drei Kostbarkeiten ein, die ähnlich den Kleidern später noch von Bedeutung sein werden, zieht sich den Mantel über und macht sich auf den Weg. Noch müssen diese Kostbarkeiten verborgen werden, die Kleider werden klein gemacht, sichtbar bleibt nur der Mantel von allerlei Pelzwerk. Von außen ist sie jetzt unscheinbar und bleibt auf ihrem Weg unerkannt. So kann es uns auch gehen, wenn wir vermehrt in die Innenschau und Selbstreflexion gehen – im Außen sind wir kaum sichtbar, zumindest noch nicht verändert, wenngleich wir für uns viele neue Erkenntnisse gewinnen. Doch diese müssen erst reifen, bis sie auch im Außen sichtbar werden können. Wir können in unserer Reflexion und Entwicklungsphase so versunken sein, dass kaum ein – tieferer – Kontakt zu anderen möglich ist. Diese Phasen der Innenschau sind nötig, um zu reifen, sie gehören zu unserem Entwicklungsprozess dazu, genauso, wie es dazugehört, dass wir uns danach wieder dem Leben und anderen Menschen aktiv zuwenden.

Die erste Station auf Allerleiraus neuem Weg ist der Baum. Der Baum kann als Selbstbild des Menschen gesehen werden. Sowohl in seinem Wachstumsprozess, als auch in seiner Verwurzelung können wir uns wiederfinden. Wie der Baum beziehen auch wir Kraft aus der Tiefe – in unserem Fall aus der Tiefe des kollektiven Unbewussten (vgl. Eschenbach, 1996, S. 58). Allerleirau findet im Baum Schutz und Geborgenheit, er gibt ihr Raum, um wieder zu Kräften zu kommen. Hier fühlt sie sich vorerst geschützt und überlässt sich dem Schlaf. Ingrid Riedel verweist in „Tabu im Märchen" auf den Wandlungsaspekt, der durch diesen Schlaf im Baum zum Ausdruck

kommt (vgl. 1985, S. 82). Durch den äußeren Schutz von dem Baum kann Allerleirau auch die nötige Ruhe in sich selbst finden, vielleicht etwas Loslassen und erstes neues Vertrauen finden. Wir können ebenfalls ganz konkret
so einen äußeren Schutz aufsuchen – sei es ein besonderer Platz in der Natur oder ein geschützter Ort Zuhause. In der Imagination ist es möglich, so
einen inneren sicheren Ort aufzusuchen und zu verinnerlichen. Im Focusing
wird zu Beginn der „gute Ort" in uns aufgesucht, der eng mit unserem Körpergefühl verbunden ist. Mit Focusing können wir den Blick nach innen
wenden und auf unseren Körper hören: Was brauchen wir jetzt, welcher
nächste Schritt steht für uns an? Sind wir nach unserem Aufbruch das erste
Mal zur Ruhe gekommen, tut es gut, sich soweit es geht auf sich und seine
aktuelle Situation zu besinnen. So mag es auch Allerleirau gehen, denn als
sie erwacht, ist es „hoher Tag", eine Zeit, höchsten Bewusstseins. So finden
sie die Jäger des Königs – anzumerken ist hier, dass nicht klar ist, wie weit
sie auf ihrem Weg gekommen ist und ob es ein neuer oder der alte König ist.
Die Situation jedenfalls ist ähnlich: Statt der Jagd nach den Fellen, wird diesmal Jagd auf Allerleirau selbst in dem Mantel aus allerlei Fellen gemacht. Als
„wunderliches Tier" bezeichnen die Jäger sie, als diese Allerleirau erblicken.
Bevor jedoch über sie verfügt werden kann, bittet sie selbst darum, mit auf
das Schloss des Königs genommen zu werden. Sie stellt sich selbst so dar,
wie sie es in dem Moment sicher aus tiefstem Herzen fühlt: „Ein armes Kind,
von Vater und Mutter verlassen." Schon bei dieser ersten Begegnung gibt sie
ihren Kummer preis, sie kann sich selbst nicht mehr anders wahrnehmen.
Ähnliches kennen Sie vielleicht auch, wenn eine Angst, ein überwältigender
Schmerz sie ganz ausfüllt, so dass Sie sich nur noch aus dieser Perspektive
sehen und andere Aspekte von sich gar nicht mehr wahrnehmen können. Im
Focusing gibt es eine schöne Möglichkeit, mit dem Schmerz umzugehen: das

Partialisieren. Damit können Sie den Schmerz, die Angst etc. als einen Teil von sich annehmen und schaffen so Raum für die Erfahrung, dass Sie immer auch mehr sind. Ein Teil von Ihnen schmerzt, hat Angst etc., nicht Sie als ganze Person. Allerleirau sieht und zeigt sich in ihrem armseligen, verlassenen Aspekt und wird auch so wahrgenommen. Die Kostbarkeiten hat sie bei sich, doch sind sie nicht sichtbar, scheinbar vergessen. So wird sie für die Küche mitgenommen, um die Asche aufzukehren und darf in einem Ställchen unter der Tür schlafen. Ihr wird das gegeben, was zu ihr passt: niedrige Arbeit für ein „armes Kind" und ein Stall für das „wunderliche Tier". Diese Seite von ihr, das Armselige und tierhafte, ist jetzt ein Teil von ihr – sie wird es später noch öfter sagen. Durch den Verrat des Vaters wird Allerleirau nun dazu gedrängt, die andere Seite von sich zu leben, um sie integrieren und wirklich ganz werden zu können. Sie zeigt sich nicht mehr als die strahlende Prinzessin, die sie auch ist, sondern als „Rautierchen". Hier wird der Schatten angesprochen: Es braucht nicht nur unseren hellen Aspekt, sondern auch unseren dunklen. Auch die Anteile von uns, die verdrängt sein mögen, haben Ihre Berechtigung, gelebt zu werden. Im Laufe unseres Lebens haben wir viele Anteile von uns verdrängt, abgespalten bzw. nie bewusst werden lassen. Diese sind in unserem Schatten – und damit in unserem persönlichen Unbewussten. Um ganz zu sein, müssen wir auch diese – scheinbar – dunklen Anteile von uns anerkennen, integrieren und leben. Das ist alles andere als leicht. Dafür brauchen wir alle Kraft, die wir aufbringen können. Die Erinnerung daran, wie wir auch sein können, ist dabei genauso wichtig, wie die instinktive Stärke, die sich in solchen Momenten – wie hier bei Allerleirau – zeigt. Und dafür ist auch die Integration des Schattens und der in ihm liegenden Potenziale wichtig.

ETWAS NEUES KANN BEGINNEN

Die Frage, die sich uns allen in solchen Momenten stellt, ist: Wie finde ich wieder einen Zugang zu mir selbst und zu anderen? Manchmal reicht ein kleiner Anstoß von außen und wir erinnern uns wieder daran, wer wir auch sind. Dann setzen wir alles daran, diese verloren geglaubte Seite von uns wieder in unser jetzt verändertes Leben zu integrieren. Bei Allerleirau kommt die Wende, als ein Fest im Schloss gefeiert wird. Jetzt wird sie aktiv. Sie bittet darum, zusehen zu dürfen, was ihr erlaubt wird. Doch sie sieht nicht nur zu und stellt sich an den Rand, sondern sie zieht sich um, zeigt nach langer Zeit wieder ihre strahlende Seite und geht direkt auf das Fest. Auch dem König fällt ihr Glanz auf, so dass er auf sie zukommt. Ebenso wie ihre Mutter einst, hat auch Allerleirau eine besondere Ausstrahlung, wie sonst keine. Doch jetzt zeigt sie diese bewusst, probiert im Tanz aus, wie es sich anfühlt, diese Facette von sich zu leben. Der Tanz scheint ihre bisher verborgenen Energien freizusetzen, sie strahlt, wie seit dem Weggang aus dem Schloss ihres Vaters nicht mehr. Im Tanz ist sie mit sich selbst verbunden – und strahlt das auch aus. Im Tanz fühlen auch wir uns mit uns und anderen verbunden, was eine Beziehungsaufnahme erleichtert und gerade hier für Allerleirau hilfreich ist. Die Welt um uns herum ändert sich nicht, aber wir nehmen sie und damit auch unsere Mitmenschen mit anderen Augen wahr. In Allerleiraus Fall nicht mehr nur aus der Perspektive der Dienstmagd, sondern auch aus der der strahlenden Tänzerin – der Prinzessin. Daran zeigt sich, dass es nicht nur auf die äußeren Bedingungen, sondern vor allem auf uns selbst ankommt. Darauf, dass wir mit uns, unserem Schatten mit seinen verschiedenen Anteilen sowie unseren Potenzialen verbunden sind und aus dieser inneren Verbundenheit heraus unser Leben gestalten.

So können wir uns Allerleirau in ihrer aktiven Handlung für manche verfahrene und aussichtslos erscheinende Situation als Vorbild nehmen. Es gibt immer Möglichkeiten, wie wir unser Leben ändern und uns weiter entwickeln können. Nicht, indem wir die Situation oder was geschehen ist, ändern – das ist meist nicht möglich. Sondern, indem wir selbst eine Wandlung erfahren. Genau diese innere Wandlung erfährt Allerleirau im Tanz. Ohne es bewusst zu planen, ändert sie ihre (Lebens-)Perspektive und erhält dadurch einen kleinen Einblick auf ihr Leben, wie es möglicherweise auch sein könnte. Jedoch konnte sich dieser Perspektivenwechsel nur ereignen, weil Allerleirau sowohl zielstrebig als auch aktiv war: Anstatt wie besprochen nur zuzusehen, hat sie gleich an dem Fest teilgenommen. Nehmen wir Allerleiraus Situation symbolisch und können uns darin wieder finden, so erkennen wir vielleicht, dass wir uns bisher nur als „Dienstmagd" gesehen haben, um dann die Perspektive zu wechseln und uns nur als „Prinzessin" zu sehen (es kann natürlich auch umgekehrt sein). Diesen Wandel ermöglicht der Tanz. Was der Tanz für uns im Weiteren bedeuten kann und welche Möglichkeiten sich damit für jeden Einzelnen im Alltag auftun, zeige ich später noch ganz konkret. Für Allerleirau war der Tanz der Auslöser, wieder ihre helle Seite zu zeigen und jetzt auch bewusst zu integrieren. Neben dem Perspektivwechsel ist der Aspekt des Partialisierens wichtig: Beide Seiten sind nur ein Teil von uns, wir sind immer beides: Hell und Dunkel, Licht und Schatten. Dazwischen liegen unzählige Facetten, die ebenfalls zu uns gehören. Zu einer reifen und ganzen Persönlichkeit gehört es, diese Seiten in uns zusammenzubringen. Wenn wir bisher nicht bewusste Inhalte bewusst machen, bedeutet das zwar einen enormen Zuwachs an Energie, kann jedoch auch Angst hervorrufen. Daher ist es wichtig, dass wir uns mit diesen neuen Inhalten ausgiebig auseinandersetzen, um sie wirklich integrieren und im

Bewusstsein verankern zu können. Sonst gehen uns die neuen Erkenntnisse schnell wieder verloren, wie ich es in „Die Innere Weisheit" schon ausgeführt habe.

INNERE WANDLUNG

Nach diesem Ausflug in andere Lebensbereiche kommt auch in Allereiraus bisherigen Lebensraum der Küche Wandlung hinein. Zwar hat sie sich nach dem Tanz wieder in Allerleirau verwandelt und wird auch als diese behandelt, doch scheint es auch für diesen Teil von ihr eine Änderung zu geben. Anstatt wie bisher nur die Asche aufzukehren, soll sie nun auch die Suppe für den König kochen, wodurch sie wiederum neue Möglichkeiten für sie ergeben. Im Kochtopf ist Wandlung möglich, indem etwas schwer verdauliches weich gekocht und damit genießbar gemacht wird. Sie ergreift die Gelegenheit wie die vorherige: Statt einfach wie aufgetragen die Suppe zu kochen, fügt sie dieser jeweils eine der drei Kostbarkeiten hinzu, die sie bei ihrem Aufbruch mitgenommen hat. Jede davon hate eine bestimmte Bedeutung – für sie ebenso wie für ihren Entwicklungsprozess – und bringt sie damit Schritt für Schritt dem König näher. Auch hier zeigt sich ihre Aktivität, ihr wieder erwachendes und erstarkendes Ich, ihr Selbstbewusstsein, womit sie die Gelegenheiten des Lebens ergreift und für sich nutzt – und dafür für uns wieder ein starkes Vorbild sein kann.

Die Suppe schmeckt dem König außerordentlich gut, so gut, wie noch niemals eine zuvor geschmeckt hat. Hier kommt wieder das „Besondere" zum Ausdruck, das sich durch die Geschichte von Allerleirau zieht, wie wir sie kennen. Allerdings hat sie diesmal dieses „Besondere" bewusst eingesetzt, um damit Aufmerksamkeit oder zumindest Neugier zu erregen. Hatte sie das Besondere bisher als selbstverständlich angesehen bzw. durch die Heiratsforderung ihres Vaters als bedrohlich, das versteckt werden muss, so erkennt sie hier den Wert davon an und seine in ihm steckenden Möglichkeiten. Der König will nun wissen, wer diese Suppe gekocht hat und fragt in diesem Zusammenhang Allerleirau über sich aus. Der merkwürdig anmutende Schlagabtausch zwischen Allerleirau und dem König bekommt im weiteren Verlauf seinen Sinn. Durch ihn erfährt er mehr über Allerleirau, als er es sonst tun würde. Das erinnert an die keltischen Rätsel, die genutzt wurden, um jeweils die Zuneigung des Begehrten herauszufinden. Dort wie hier werden verschlüsselte Botschaften genutzt, um mehr über den anderen zu erfahren, ebenso, um festzustellen, inwieweit der andere bereit ist, eine Beziehung einzugehen.

Durch die Zugabe der Kostbarkeit hat Allerleirau in gewisser Hinsicht an den Tanz angeknüpft und auf sich aufmerksam gemacht. Der Ring als dritte Kostbarkeit und als Symbol für Beziehung unterstreicht diesen Gedanken. Sie will auch als Allerleirau an ihre glänzende Seite und an die zarte Beziehung zum König anknüpfen. Um ganz zu sein braucht es nicht nur unseren hellen Glanz, sondern gerade auch unsere dunklen, tiefen, verborgenen Aspekte. Um Ganzheit zu erfahren, müssen wir uns also dem Schatten in uns zuwenden und ebenfalls annehmen. Das braucht Zeit und Geduld. Beidem müssen wir uns zunächst nur für uns selbst zuwenden, ähnlich wie Allerleirau in ihrem Bereich der Küche. Dann sind wir auch -wieder- offen, für den anderen. So, wie der König nur durch seine kontinuierliche Nachfrage, sein Bemühen, einen Hinweis auf Allerleirau bzw. die Kostbarkeiten in der Suppe zu erlangen, Allerleirau in ihrer Ganzheit erkennen kann und es dadurch auch ihr leichter macht, sich selbst als die zu sehen, die sie ist. So kann Aller-leirau schließlich beide Seiten ihres Wesens vereinen.

Doch zunächst gibt es zwei weitere Feste, auf denen Allerleirau die Tanz-partnerin des Königs ist. Bei jedem Fest vollzieht sie die Wandlung von Al-lerleirau zur Prinzessin und wieder zurück bewusster[9]. Beim dritten Tanz wird auch der König aktiv: Diesmal ist er es, der ihr den Ring ansteckt. Das Beziehungsangebot geht diesmal direkt und aktiv von ihm aus. Außerdem lässt er den Tanz extra lange gehen. Dadurch bleibt ihr keine Zeit mehr, sich umzuziehen, sie wirft sich nur den Mantel über und sogar ein Finger – der mit dem Ring – bleibt weiß, so dass sie jetzt Tanzpartnerin / Prinzessin und Allerleirau in einem ist. Der weiße Finger erinnert an das Märchen „Die schwarze Frau", die sich nur wieder weiß wandeln kann, wenn man die schwarze Seite von ihr nicht sieht. Bei Allerleirau jedoch scheint es mir ge-rade umgekehrt, dass sie nur dann wieder strahlend und hell sein kann, wenn auch ihre dunkle Seite gesehen und als zu ihr gehörig akzeptiert wird. Einem anderen unsere Geschichte erzählen zu können oder auch nur uns selbst unser ganzes Wesen einzugestehen, lindert unser Leid. Sehen wir das Märchen als einen Prozess an, der lediglich IN uns stattfindet, so können wir uns fragen, welcher Anteil der König ist. Und wer ist die Prinzessin, die die-sen langen Weg gehen musste, um ihre leuchtende Seite wieder zu integrie-ren? Wie lange noch wollen wir „nur" Allerleirau sein, ohne unsere weiteren Potenziale zu verwirklichen?

---

[9] Hieß es beim ersten Tanz noch „war wieder Allerleirau", so schon beim zwei-ten „macht sich wieder zum Rautierchen"

Nach dem dritten Genuss der Suppe will der König gleich mit Allerleirau

sprechen, nicht erst mit dem Koch. Diesmal stellt er keine Fragen, er erkennt

sie an dem weißen Finger mit seinem Ring daran. Als Allerleirau sich ihm

entwenden will, öffnet sich ihr Mantel und gibt ihr Sternenkleid darunter

preis. Der König reißt ihr den Mantel herunter, so dass sie sich nicht länger

verbergen kann. Jetzt erst wäscht sich Allerleirau den Ruß fort und gibt sich

als die Königstochter zu erkennen, die sie ist. Wie der König ihr den Mantel

wegreißt, mutet nicht gerade liebevoll an. Dennoch hilft er Allerleirau, wie-

der die zu sein, die sie eben auch ist: Eine Königstochter. Es braucht diesen

vorwärts bringenden Aspekt des Königs, der eben nicht in der Situation blei-

ben, sondern sich – mit Allerleirau – weiterentwickeln will. Ähnlich, wie wir

das von den Märchen mit den Tierhäuten kennen (bspw. Hans mein Igel),

muss hier der Mantel weggenommen werden, auch wenn das bloß gestellt

werden zunächst schmerzen mag – ähnlich, wie das Verbrennen der Igel-

haut den Jüngling verwundet. Wir können uns nicht länger verstecken – un-

ser Weg hat mehr für uns vorgesehen, als die Küche und Ruß. Genauso wie

Allerleirau sind wir aufgerufen, unseren Lebensraum zu erweitern, mehr

von zu dem integrieren, was noch möglich ist. Das ist für jede/n von uns

ganz unterschiedlich, so dass wir unsere Freiheit nutzen können, um unsere

weiteren Lebensbereiche selbst zu bestimmen.

Der Weg von Allerleirau zeigt uns, dass Entwicklung nicht sofort ge-

schieht, sondern über einen langen Zeitraum. Nur durch Kontinuität und ak-

tivem Einsatz kommt Allerleirau sich selbst wieder Stück für Stück näher.

Die Gelegenheiten, die sich so scheinbar leicht und spontan im Märchen er-

eignen, können nur deswegen von Allerleirau so unterstützend für ihre ei-

gene Entwicklung genutzt werden, weil sie sich selbst dafür einsetzt. Auch

uns werden auf unserem Weg hilfreiche Situationen begegnen, doch solange
wir sie nicht erkennen und zu nutzen wissen, werden sie uns auch nicht
weiterbringen können. Wichtig dafür ist vor allem unsere Bereitschaft, uns
überhaupt auf diese tiefgreifende Entwicklung einzulassen. Sie funktioniert
nicht „nebenbei", sondern ist tatsächlich eine Lebenseinstellung. Mit dieser
Selbstverantwortlichkeit einher geht die Freiheit, selber entscheiden zu
können, wie, wie lang und wie weit wir diesem Weg folgen wollen. Bei Allerleirau ist es die Auseinandersetzung mit dem König und ihre eigene Willens-
kraft, die ihr die nötige Stärke und Energie gibt, um ihre in Vergessenheit ge-
ratene Schönheit wieder ganz in ihr Leben zu integrieren. Hier sei ange-
merkt, dass es bei „Schönheit" im Märchen nicht zwangsläufig um äußere
Schönheit geht, sondern vielmehr darum, wie sehr ein Mensch mit sich
selbst eins ist, wie authentisch und klar in seiner Haltung und damit seiner
Ausstrahlung ist. So, wie es uns auf unserem Entwicklungsweg geht, wenn
wir unbekannte Seiten von uns erkunden, fremde innere Landschaften, die
scheinbar zu uns gehören. Da tut es gut, jemanden an unserer Seite zu haben, der beide Aspekte von uns kennt – und dennoch zu uns steht. Das kann
im Inneren genauso sein wie eine vertraute Beziehungsperson aus unserem
Umfeld. Wichtig ist für uns vor allem, dass wir uns aufgehoben wissen und
auch in schwierigen Situationen und Zeiten nicht verzweifeln.

DAS LEBEN GEHT WEITER

Die Hochzeit am Ende zeigt eine Vereinigung von Gegensätzen an. Die
helle und die dunkle Seite Allerleiraus dürfen endlich beide zum Ausdruck
kommen. Im Märchen endet es dann meist mit einer Hochzeit, für uns heißt
das, dass sich IN uns selbst etwas transformieren und verbinden konnte.
Wir sind der Ganzheit in uns ein Stück näher gekommen.

Hat der Weg Allerleiraus Möglichkeiten aufgezeigt, den eigenen Lebensweg trotz aller Hindernisse aktiv und selbstbestimmt zu gestalten, so wollen wir das im nächsten Kapitel mit unserem eigenen Lebensweg erfahren und praktisch umsetzen.

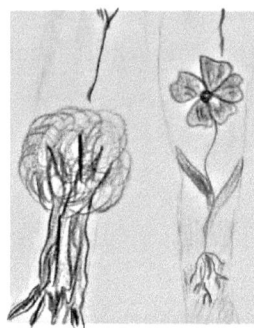

Wie sieht meine Landkarte bis jetzt aus? Wo bin ich verwurzelt und wie verlaufen meine verschiedenen Wege – und vor allem: wohin?

Hier ist Platz für Ihre eigene „Landkarte".

INNERE LANDKARTE – WOFÜR BRAUCHE ICH DAS?

Ging es in unserem letzten Kapitel um das Märchen und seine Symbolik, so werden wir diese Symbolik jetzt praktisch erkunden. Daher werden Sie in diesem Kapitel werden verhältnismäßig viele Übungen finden. So kann ich Ihnen am besten deutlich machen, worum es mir bei der „Landkarte" geht und wie Sie Ihre eigene „Innere Landkarte" erstellen können. Nehmen Sie die Übungen wie immer als Anregung. Lesen Sie sich diese durch und lassen Sie sich davon inspirieren. Vielleicht entsteht etwas ganz Neues, Anderes und Eigenes daraus.

Doch warum ist die Landkarte überhaupt wichtig? Mit ihr bekommen wir ein klareres Bild von uns selbst und wir lernen, uns, unsere Haltungen und Verhaltensweisen, besser kennen. So können wir auch die Wege, die wir im realen Leben gegangen sind, besser nachvollziehen. Mit unseren Inneren Landkarte können wir uns sowohl tiefgehend mit uns selbst auseinandersetzen, als auch dieses neu gewonnene Wissen Schritt für Schritt nach Außen bringen und umzusetzen. Unsere Landkarte hilft uns, uns in uns und unserem Leben besser zu orientieren. Sie fasst die verschiedenen Fäden und Weggabelungen unserer bisherigen Entwicklung zusammen und gibt uns somit eine Übersicht davon. Mit ihr können wir unseren Lebensweg aus der Distanz betrachten, aber genauso haben wir durch sie die Möglichkeit, in bestimmte Bereiche tiefer einzutauchen. Dadurch finden wir uns besser zurecht, wissen, wo wir jeweils aktuell stehen und laufen nicht Gefahr, uns zu verlaufen. Durch die Auseinandersetzung mit unserem Unbewussten erschließen wir uns eine innere Landkarte. Was vorher diffus, vielleicht sogar dunkel war, bekommt nun Kontur und Farbe. Je tiefer wir gehen, je ernsthafter und achtsamer wir dabei sind, desto besser können wir uns hier fortbewegen. Wir können unseren Weg überblicken, erkennen Zusammenhänge und können uns neue Wege erschließen. Im besten Fall wissen wir, wo wir Hilfe erwarten können, wo Platz zum Zuhören, Ausruhen und Zusammensein ist – wie in unserem realen Leben. Mit der Zeit wird uns unsere Innenwelt so vertraut wie die äußere Welt. Dann können wir sie gezielt nutzen, um Probleme besser lösen und entspannen zu können. Bei all der Entdeckerfreude ist es dennoch wichtig, auf die Balance zu achten: unser Unbewusstes soll nicht zur Flucht vor dem Alltag genutzt werden. Vielmehr bedingen sich beide gegenseitig und unser Unbewusstes kann uns dabei helfen, unseren Alltag zu bereichern sowie selbstbestimmter zu gestalten.

INNERE UND ÄUßERE ENTWICKLUNG

Durch unsere Träume erfahren wir oft, woran es in unserem Leben mangelt. Mit ihren nächtlichen Bildern können sie wieder eine Balance herstellen. In der Analytischen Psychologie nennt man das die kompensatorische Funktion der Träume – sie ergänzen das, was in unserem Alltagsbewusstsein fehlt. Somit sind sie uns ein guter Wegweiser, wenn es darum geht, neue Wege in unseren Alltag zu integrieren und auch dabei, neue Wege in unserer inneren Landkarte zu erkunden. Träume können uns hier den Weg weisen und die Angst vor dem Unbekannten nehmen, indem sie dieses Unbekannte symbolhaft vorwegnehmen. Natürlich gibt es auch Alpträume, die Angst hervorrufen. Hier ist es wichtig, genau hinzusehen, was es ist, was da Angst macht und wie konstruktiv damit umgegangen werden kann. Auch unser Körper spielt hierbei eine wichtige Rolle. Bei allem, was wir tun, ist er mit dabei und speichert unsere Erfahrungen – er erinnert sich besser als wir und kann uns so sehr gut zeigen, ob wir auf dem richtigen – d.h. für uns stimmigen – Weg sind. Wie E. Gendlin es ausdrückt: „Der Körper ist in einer Situation und die Situation ist im Körper" (in: Renn, 2013, S. 89). Wohin auch immer wir also gehen, was wir auch unternehmen, was uns widerfährt etc. – unser Körper ist IMMER dabei. Deswegen „weiß" er auch alles – auch das, was wir längst vergessen oder gar nicht erst richtig wahrgenommen haben. Dieses Körperwissen ist in unseren Zellen gespeichert und kann über den Körper abgerufen werden. Deswegen kann unser Körper auch schneller reagieren als unser Bewusstsein. Unser Körper speichert und erinnert alles, was wir jemals erlebt haben, es wirkt in ihm nach – und dieses Körperwissen kann uns helfen, uns wieder an unseren Weg zu erinnern und daran, wie es sich anfühlt, wenn wir unser eigenes Potenzial in die Welt bringen. J. Adler nennt es „Die Gabe", die sich nach langer Tanzerfahrung im Authentic Movement zeigt (Adler, 2012, S. 182). Wo das ganz Persönliche anfängt, fehlen uns meist die Worte, es ist unser Körper, der dieses Persönliche ausdrückt (Gendlin in Wiltschko, 2008, S. 122). Jeder Mensch hat dieses Besondere, das Eigene, das in der Welt verwirklicht werden will. Meistens jedoch unterdrücken wir es bzw. es muss unterdrückt werden, wenn wir uns anpassen wollen. Irgendwann jedoch ist der Zeitpunkt gekommen, an dem wir unser Potenzial, unsere ganz eigene Besonderheit, entdecken und verwirklichen wollen. Deswegen sind wir auf dem Weg. Unsere Landkarte hilft uns dabei. Focusing, Tanz und Analytische Psychologie sind die Methoden, die ich als besonders hilfreich und alltagstauglich empfinde. Sie führen uns nicht nur zu uns selbst, sondern auch in die Tiefenschichten der Menschheit. Es ist eine Entdeckungsreise, die nie aufhört und immer spannend ist. Einiges gibt es zu beachten, das meiste lernen wir unterwegs, nur eines ist zu Beginn wichtig – ich sagte es schon: Dass wir stabil genug sind, ein ausreichend starkes Ich haben. Fehlt dieses, so können wir allzu leicht von den unbewussten Bildern überschwemmt werden, was uns wiederum nicht hilft und uns schlimmstenfalls krank werden lässt. Sollten Sie sich also nicht stabil und stark genug fühlen, bleiben Sie zunächst bei den Übungen für den Körper, malen Sie – bis Sie genügend Sicherheit erreicht haben, um weiterzugehen. *„Wo der Ichkomplex zusammenhängend und kohärent ist, bedarf es keines so starken Schutzes. Wo er aber, ..., in sich instabil geworden ist, sind starke Schutzhüllen nötig" (Ingrid Riedel).*

Es gibt verschiedene Methoden und Zugänge, die uns bei dem Erkunden und Gestalten unserer Landkarte helfen, die ich in diesem Kapitel Schritt für Schritt vorstelle. Nutzen Sie Focusing, wann immer Sie können. So bekommen Sie ein gutes und sicheres Gespür dafür, was Ihnen gut tut und lernen, Ihrem Körper zu vertrauen. Bauen Sie die zu Beginn dieses Buches beschriebene Atemübung in Ihren Alltag ein und lassen Sie daraus intuitiv Bewegungen entstehen, bzw. auch keine – je nachdem, was sich für Sie in dem Moment stimmiger anfühlt. Dadurch treten Sie direkt in einen Dialog mit Ihrem Körper: Sie achten auf seine Bewegungsimpulse, folgen ihnen, er antwortet mit neuen Impulsen, sie reagieren mit Bildern / Gefühlen -> es passiert etwas. Sobald Sie sich mit Ihrem Körper auseinandersetzen, gerät etwas in Bewegung – ebenso konkret wie subtil. Dadurch festigen Sie Ihre innere Landkarte und die daraus resultierenden Auswirkungen im Außen. Das Unbewusste erreichen Sie über Träume, Imaginationen, aber auch Märchen, wie ich es im letzten Kapitel vorgestellt habe. Voraussetzung dafür ist immer Ihre Offenheit und Bereitschaft, sich wertfrei und ernsthaft mit Ihrem Unbewussten und seinen Inhalten auseinanderzusetzen. Während wir alle Träume haben, auch wenn wir uns nicht immer an sie erinnern, ist die Aktive Imagination eine Möglichkeit, die Bilder des Unbewussten absichtlich herbeizuführen und in sie einzutreten. Besonders hier ergänzen sich Focusing und die Analytische Psychologie sehr effektiv. Über den Felt Sense tauchen wir tiefer in uns und gewissermaßen „hinter" unsere Gefühle ein (vgl. Gendlin in Wiltschko, 2008, S. 135f). Märchen dagegen sind weit mehr als bloße „Geschichten". Sie enthalten den gesammelten Erfahrungsschatz der Menschheit, den wir in jedem einzelnen Märchen spüren und der uns Trost und Zuversicht spenden kann. Diese kurzen Inputs sollen Ihnen eine Übersicht aller Möglichkeiten vermitteln, mit denen Sie sich Ihrer „Inneren Landkarte" nähern können. Es gibt nicht den einen Weg, der für alle und zu jeder Zeit gleichermaßen passt. Es gibt eine bunte Vielfalt, die Sie selbst immer wieder neu für sich erkunden können. In diesem Buch stelle ich Ihnen vor allem die Analytische Psychologie und körperorientierte Methoden vor. Mit beiden Methoden arbeite ich sowohl in der Einzeltherapie als auch in meinen Seminaren und beide empfinde ich für die Selbsterfahrung und Erkundung der eigenen Ressourcen als sehr wertvoll. Um noch einmal die Symbolik des Märchens aufzugreifen: Wie Allerleirau steht uns nicht nur ein abgetrennter Bereich zu, sondern das gesamte Schloss bzw. Haus unseres Lebens. Indem Allerleirau aus dem unteren Bereich der „schmutzigen" Arbeit nach oben geht, erobert sie sich ihren Lebensraum zurück. Die „schmutzige Arbeit" von Allerleirau in der Küche, im unteren Bereich des Hauses, können wir so sehen, dass auch wir uns mit unseren tieferen Schichten auseinandersetzen, mehr über uns erfahren müssen, als an der Oberfläche sichtbar wird, bevor wir uns voll entfalten können. Die Vorstellung von der Lotusblume gefällt mir: Eine Pflanze, die tief im Schlamm wurzelt und gleichzeitig strahlend weiße Blüten entwickelt. Das Strahlende braucht die Tiefe und das Dunkel, daraus bezieht es seine Energie. Unsere Instinkte und Triebe, all das Dunkle und Verdrängte gehört zu uns – wie bei Allerleirau ergeben Licht und Schatten das Gesamte unserer Persönlichkeit. Wenn wir uns aus einengenden Sichtweisen befreien und unser Blickfeld erweitern, nehmen wir uns dadurch auch mehr Lebensraum und erhalten mehr Energie. In der aktiven Bewegung – im Tanz -bekommt diese etwas Greifbares, etwas, das wir umsetzen und spüren können.

Schon C. G. Jung hat immer wieder auf die Verbindung zum Körper hingewiesen, auch wenn sie bei ihm nicht im Fokus stand: „Die Psyche hängt vom Körper ab und der Körper hängt von der Psyche ab" (Jung, 1935, §1). Körper und Psyche bedingen sich gegenseitig, wirken aufeinander ein und lassen sich nicht getrennt verändern – es verändern sich immer ALLE Ebenen – die körperliche und die psychische (vgl. Jung, 1942, §175). Wir reagieren mit unserem Körper direkt auf Veränderungen in unserem Umfeld (Moor, 2017 S. 123). Über unseren Körper erfahren wir ganz genau, was uns gut tut und was wir gerade brauchen. Das mag auf den ersten Blick gesehen nicht unbedingt mit unseren Zielen und Wünschen übereinstimmen, doch lernen wir, auf unsere Körperweisheit zu vertrauen, so erfahren wir, dass wir damit intuitiv die richtigen und für uns stimmigen Entscheidungen treffen. Durch Focusing werden wir innerlich unabhängig, was eine Grundlage für Selbsterkenntnis ist (vgl. Moor, 2017, S. 39).

DER „INNEREN WEISHEIT" FOLGEN

Doch wie können wir in unserem Leben „Auf Kurs bleiben"? Wie finden wir heraus, was wirklich wichtig ist und welchen Weg wir einschlagen sollen? Hierfür habe ich eine weitere Übung für Sie und lade Sie herzlich ein, das Buch zur Seite zu legen und sich etwa 30 Minuten Zeit zu nehmen, um sich auf die Übung einzulassen.

In unserem Boot

Die Aktive Imagination ist ein Hilfsmittel für den Weg nach Innen und fördert damit die erweiterte Selbsterkenntnis. In jeder Aktiven Imagination liegen „grundlegende Entwicklungsmöglichkeiten verborgen" (Vogel, 2014). **Aktiv** meint: achtsam aufmerksam gegenüber dem imaginativen Geschehen sein. Wir müssen geduldig sein, damit die inneren Bilder fließen können, ohne dass wir sie steuern. Wie C. G. Jung es ausdrückt: *„Man muss psychisch geschehen lassen können" (in Vogel, 2014)*. Wir sollten nichts erzwingen, sondern ganz offen warten, was sich uns zeigt. Ebenso wichtig ist es, nicht zwischen den Bildern hin und her zu springen, sondern bei einem Bild zu bleiben, es festzuhalten, zu befragen, es sich gestalten und sich konkret zeigen zu lassen. Mithilfe der Aktiven Imagination treten wir in einen Dialog mit unserem Unbewussten. Wir wandern durch unsere Bilderlandschaft und haben die Möglichkeit, mit dem, was uns entgegentritt, in Kontakt zu kommen, Fragen zu stellen etc. Dadurch, dass wir als die Person, die wir sind, in die Imagination eintreten, lassen wir unser Bewusstsein an unserer Innenschau teilnehmen und können das Wissen aus der Tiefe in unseren Alltag integrieren.

In der Imagination können wir unsere Einstellungen prüfen und ändern. Wir können innerpsychisch etwas einleiten, was sich auch im Außen bemerkbar macht (Kast, 2011). Die Imagination muss ernst genommen werden und aus ehrlichen Motiven heraus angewandt werden. Sie ist weder Selbstzweck oder Phantasie, noch dient sie der Manipulation. Sie hilft uns, uns selbst besser zu verstehen. Dafür müssen wir für unsere inneren Bilder und dem, was sie uns sagen wollen, offen sein.

Möchten Sie sich mit der Aktiven Imagination weiter beschäftigen, finden Sie im Anhang einige Literaturhinweise. Jetzt sind Sie erstmal eingeladen, selber zu imaginieren:

Setzen Sie sich bequem hin. Schließen Sie die Augen und atmen Sie ein paar Mal tief ein und aus – bis Sie entspannt auf Ihrem Sitz sitzen. Stellen Sie sich nun vor, Sie gehen eine Treppe hinunter... Sie sieht genau so aus, wie Sie diese sich jetzt vorstellen. Gehen Sie die Treppe in Ihrem eigenen Tempo hinunter. Unten sehen Sie eine Tür – Ihre Treppe hat genau so viele Stufen, wie Sie benötigen, bis Sie unten angekommen sind.

Öffnen Sie nun die Tür, und treten Sie ein, in den Raum Ihrer Imagination...

Stellen Sie sich vor, Sie sind in einem Boot auf dem Meer. Etwas weiter entfernt, aber doch gut sichtbar, gibt es einen Leuchtturm. Dort wollen Sie hin. Verbinden Sie sich aus Ihrer „Inneren Weisheit" heraus mit dem Leuchtturm, um ihn zu erreichen und „auf Kurs" zu bleiben... Spüren Sie Ihrem Körpergefühl nach und lassen Sie sich die Bilder so entwickeln, wie Sie sich Ihnen zeigen. Nehmen Sie Ihr Körpergefühl ganz bewusst hinzu, vielleicht können Sie wie im Focusing einen neuen Schritt, frische Energie erfahren...

Kommen Sie langsam wieder zurück. Stellen Sie sich ggf. einen Wecker auf 15 Minuten, damit Sie nicht zu lange in der Imagination verweilen. Lassen Sie sich die Zeit, die Sie benötigen und öffnen Sie dann die Augen. Räkeln und strecken Sie sich und kommen Sie wieder im Hier und Jetzt, in diesem Raum an. Lassen Sie die Imagination noch wirken – was haben Sie gesehen? Wie haben sich die Bilder entwickelt? Fiel es Ihnen leicht oder schwer? Es hilft, wenn Sie sich Ihre Erfahrungen notieren oder ein Bild dazu malen. Vielleicht gab es ein Symbol, das besonders wichtig für Sie ist. Wie war es für Sie in dem Boot? Konnten Sie Ihrem Körpergefühl vertrauen? Hat sich ein neuer Schritt ergeben?

Sollten Sie nichts oder nur wenig oder nur Dunkelheit gesehen haben, machen Sie sich keine Gedanken. Das geht vielen Menschen so, die das erste Mal eine Aktive Imagination machen. Die Verbindung zum Unbewussten ist dann einfach noch nicht so klar, wie es bei längerer Übung der Fall ist. Es ist auch immer ein Stück weit ein Wagnis, sich auf seine innere Welt einzulassen. Vielleicht stehen am Anfang noch einige Ängste, die den Blick nach Innen erschweren, im Weg. So lange unser Ich stabil ist, zeigt uns unser Unbewusstes nur so viel, wie wir auch verarbeiten können. Probieren Sie es also ruhig ein anderes Mal wieder, bleiben Sie dabei entspannt und erzwingen nichts. Meist klärt sich die innere Bilderwelt mit etwas Übung und wird immer deutlicher sichtbar.

Nehmen Sie dieses Körpergefühl mit in Ihren Alltag – so ungefähr fühlt es sich an, wenn Sie in Übereinstimmung mit Ihrer „Inneren Weisheit" handeln. Dafür müssen Sie sich nicht im Boot sitzend vorstellen. Es reicht, wenn Sie eine Verbindung zwischen Ihrem Ziel (der Leuchtturm) und Ihrem Zentrum (Innere Weisheit) herstellen. Wenn Sie dieser Verbindung folgen, sind Sie auf dem richtigen Weg. Es ist das Gefühl des „Nichtwissens", vergleichbar dem „Felt Sense" aus dem Focusing: es fühlt sich einfach richtig an, ohne dass Sie dafür die passenden Worte finden. Dieses Unbestimmte, das Ihnen zeigt, ob etwas stimmig ist oder nicht. Wenn Sie es schaffen, dieser Linie, diesem Energiestrom zu folgen, sind Sie immer mehr auf IHREM Weg.

ALTE UND NEUE RESSOURCEN

Fangen Sie mit kleinen Schritten an, um Ihrem Körperwissen zu folgen. Richten Sie bei jeder kleinen Entscheidung Ihre Aufmerksamkeit nach Innen - Habe ich jetzt wirklich Hunger? Braucht mein Körper heute früher Schlaf? Würde mir Sport guttun? – mit solchen und ähnlichen Fragen können Sie zwischendurch immer mal wieder nachspüren, bis Sie zu den wichtigeren Entscheidungen übergehen – so üben Sie sich darin, auf Ihre „Innere Weisheit" zu hören.

Wir sind es gewohnt, viele Dinge schnell und nebenbei zu erledigen. Im Alltag ist das natürlich gut, sonst würden wir mit all unseren Aufgaben gar nicht hinterherkommen. Dennoch ist es auch bei den alltäglichen Entscheidungen wichtig, unsere Stimmung nicht aus dem Blick zu verlieren. Hier kann uns sowohl die obige Übung als auch Focusing helfen, in gutem Kontakt mit unserem inneren Gefühl, unserem Körperwissen zu bleiben. In einem Bildungsurlaub für Burnout tauchten ebenfalls solche alltäglichen Fragen auf. Für alle TeilnehmerInnen gab es sowohl beruflich als auch privat viel zu viel zu tun. Feste Routinen hatten sich eingeschliffen, die zwar effizient waren, aber nicht unbedingt gut taten und vor allem keinen Raum zum Innehalten boten. Hieraus gab es scheinbar keinen Ausweg. Im Lauf unserer Gespräche über bisherige Strategien und den momentanen Alltag, Entspannungs- sowie Reflexionsübungen konnten wir jedoch bei jedem/r Einzelnen feststellen, dass es schon kleine Auszeiten gibt, die nur nicht richtig gewürdigt wurden, als nicht „groß" und „wichtig" erschienen. Doch nur, weil etwas hilfreich ist, muss es nicht sonderlich beeindruckend sein. Unser kleiner Blick nach Innen kann ein paar Sekunden dauern und von außen gar nicht wahrgenommen werden – doch für uns bedeutet es eine große Veränderung in unserer Einstellung und unserem Verhalten. Der erste Schritt ist das

Verstehen und bewusste Wahrnehmen. Wir fanden also heraus, dass es zum großen Teil an unserer Einstellung und Wahrnehmung liegt. Es kann sein, dass alles schon da ist, wir es jedoch nicht nutzen, vergessen haben oder nicht bewusst in unseren Alltag integrieren. Deswegen ist die Arbeit mit der „Inneren Landkarte" so wichtig – sie zeigt uns auf, wo unsere Ressourcen sind, wo wir noch mehr auf uns achten müssen und welche positiven Aspekte wir noch gezielter in unsere Alltagsstruktur einbinden können. Neben den tatsächlichen Aufgaben und Anforderungen kommt es also auch darauf an, wie wir mit diesen umgehen und welche Ressourcen wir bewusst nutzen. Unsere Innere und äußere Landschaft ist gleich (vgl. Halprin, 2000, S. 130). D.h., was wir innen erleben, das zeigt sich auch im außen. Was wir auf unbewusster Ebene ändern, wird sich auch auf bewusster Ebene zeigen. Und umgekehrt: Wenn wir zu sehr im Bewusstsein sind, wird unsere innere Landschaft uns das über unsere Träume zeigen. Mit Ihrer kompensatorischen Funktion zeigt uns unser Traum, wenn wir in unserem Alltagsleben zu einseitig sind, dass die Gegenseite auch integriert und gelebt werden will. Das sind dann meist die Traumbilder, die auf den ersten Blick gar nicht zu uns zu passen scheinen. Es lohnt sich, diesen achtsam nachzugehen und ihre Bedeutung für uns herauszufinden.

Wie wir unsere Ressourcen (wieder-)finden und nutzen, haben wir im letzten Kapitel bei Allerleirau gesehen. Sie hat trotz der Krise ihre „Kostbarkeiten" stets bei sich gehabt und im rechten Moment zum Einsatz gebracht und somit sichtbar gemacht. Für uns heißt das konkret, dass wir auch in schwierigen Phasen um das Gute und Starke wissen, das auch da ist und es für uns nutzen, um wieder ganz zu werden.

In meinen Kursen ist der Blick auf Ressourcen immer wichtig und immer wieder ergreifend. Oft führt das Erkennen bzw. bewusst machen der eigenen Ressourcen zu einer geballten Energieansammlung, wenn deutlich und offensichtlich wird, was wir alles haben und können, was gut ist in unserem Leben, wofür wir dankbar sein können. Denn der Blick auf unsere Ressourcen ist oft verstellt. Verschüttet von all den Anforderungen, die uns allzu oft einengen, denen wir uns ausgesetzt fühlen und denen wir nicht zu entkommen meinen. Unsere gebündelten Ressourcen zeigen uns demgegenüber deutlich, was alles vorhanden ist, was wir gezielt nutzen und verstärken können, woran wir anknüpfen und wie wir unseren Alltag damit bereichern können. Und dann sehen wir auch, wie wir das, was uns einengt und stört, ändern können, damit das Positive wirksam wird und uns mit der nötigen Energie versorgt. Das ist es, was Allerleirau auf ihrem Weg macht: Sie behält das, was für sie wichtig und von Bedeutung ist, das Bestand hat. Davon ausgehend kann sie sich auf den Weg machen und diesen Weg dann auch selbstbestimmt gehen. Indem sie ihre „Kostbarkeiten" Stück für Stück nach außen trägt und sich in ihren glänzenden Kleidern zeigt, schließt sie sich wieder an ihre eigenen Ressourcen und inneren Kräfte an.

Vielleicht haben Sie jetzt Lust bekommen, Ihre eigenen Ressourcen genauer anzusehen:

Notieren Sie ungefiltert und wertfrei alles, was Ihnen an Ressourcen einfällt. Auch die, die sie aktuell oder länger schon nicht nutzen, sowie alle Ressourcen, die Sie gerne hätten. Notieren Sie ALLES zum Thema „Ressourcen" – alles, was Ihnen dazu in den Sinn kommt. Vielleicht mögen Sie das auch in einer Art Skizze oder Zeichnung tun (bspw. Sie als Mensch und Ihre Umwelt drumherum, Ihre Ressourcen als „Haus" oder als Netz, als Landkarte... Lassen Sie Ihrer Phantasie und Kreativität freien Lauf – je bunter und einfallsreicher, desto besser. Aber: Machen Sie es auf IHRE Art, meine Vorschläge sollen Sie nur inspirieren, nicht lenken.

Sortieren Sie Ihre Ressourcen dann nach denen, die Sie jetzt tatsächlich sowohl haben als auch aktiv und bewusst nutzen und denen, die sie zwar haben, aber nicht nutzen, sowie denen, die sie gerne hätten und nutzen würden.

Lassen Sie Ihre Ressourcen-Übersicht sowie Ihre Sortierung auf sich wirken – was sagt Ihnen das? Wo könnten Sie Ihre Ressourcen noch besser integrieren, ihnen mehr Zeit oder auch einfach nur mehr Beachtung, Bedeutung geben?

Führen Sie Ihre Übersicht noch weiter aus: Auf welche Bereiche Ihres Lebens haben bzw. hätten Ihre notierten Ressourcen bzw. Ideen dazu den meisten Einfluss? Wie würde sich Ihr Leben dadurch ändern?

Gestalten Sie aus Ihrer Übersicht, Ihrer Liste und Ihren weiteren Gedanken dazu eine grobe Landkarte. Eine Landkarte, mit deren Hilfe Sie sich in der Vielfalt Ihrer Ressourcen und Ihren Ideen, Umsetzungsmöglichkeiten etc. orientieren können. So haben Sie eine erste Übersicht, welche Möglichkeiten Sie haben und auch gleich die ersten Ideen, wie diese umgesetzt werden können. Wir werden später nochmal vertiefend darauf zurückkommen.

SCHRITT FÜR SCHRITT AUF UNSEREM WEG

Für unser Wohlbefinden und um unsere Kräfte wieder aufzutanken ist es wichtig, dass wir so oft wie möglich in Übereinstimmung mit uns selbst handeln. Dadurch erfahren wir ganz konkret Selbstwirksamkeit und erlangen damit auch das Vertrauen, dass wir unsere weiteren Ziele erreichen können. Ein Schritt nach dem anderen.

Auch wenn wir mit unserer „Inneren Weisheit" verbunden sind, gibt es
natürlich Hürden, die auftauchen und uns nicht weiterkommen lassen. Lösen diese sich nicht schnell genug auf, kann es sein, dass wir zweifeln, unseren Weg in Frage stellen oder sich Unsicherheit und Unzufriedenheit breit
macht. Wie Verena Kast in „Vom gelingenden Leben" schreibt, müssen wir
uns der Anteile in uns bewusst werden, die uns an der Wandlung hindern,
ansonsten verfallen wir immer mehr in einen depressiven Zustand, der uns
glauben lässt, Wandlung sei nicht möglich (vgl. Kast, 1998, S. 19). Konnten
wir unsere „Innere Landkarte" bis hierhin schon etwas ausweiten, dann haben wir meist gute Ansatzpunkte, an denen wir uns orientieren können. So
entdecken wir relativ schnell, woher unsere Verstimmung kommt und können entsprechend handeln. Doch genauso oft überfällt uns diese plötzliche
Umstimmung aus heiterem Himmel und wir müssen versuchen, wieder in
unsere innere Mitte zu finden. Gar nicht so einfach. Doch wenn wir damit
rechnen, dann nehmen wir diese Schwankungen nicht ganz so schwer. Das
Leben ist dynamisch – es wandelt sich ständig. Mit der Zeit müssen wir lernen, mit dieser Wandlung mit zu gehen, anstatt immer dagegen anzukämp-
fen. Dadurch können wir Umbrüche und Neues besser akzeptieren und sind
nicht so leicht umzuwerfen. Das Leben bleibt nicht an einem einmal erreich-
ten Punkt stehen. Es fließt immer weiter und für uns stellt sich die Frage, inwieweit wir uns diesem lebendigen Fluss überlassen wollen. Haben wir
durch unserer „Inneren Weisheit" einiges in unserem Leben geändert, dann
brauchen wir Zeit, um das Neue wirklich integrieren zu können. Wir können
die erreichte Ebene nicht gleich wieder verlassen, sondern müssen diese
verinnerlichen und in uns, unserem Leben, unseren Verhaltensweisen etc.
festigen. D. h. konkret, wenn wir neue Tagesabläufe und Routinen haben, die
uns Kraft geben, dass wir diese konsequent und regelmäßig ausführen

müssen. Sonst verfallen wir zu schnell in unsere alten Verhaltensmuster und sind in der alten Gedankenschleife gefangen, es „sowieso nicht zu schaffen". Dabei haben wir gerade erfahren, dass wir alle jeden Tag selbstwirksame Entscheidungen treffen und damit durchaus in der Lage sind, Dinge zu ändern und unser Leben selbstbestimmt einzurichten. Handelt es sich um lange und – wenn auch unbewusst – liebgewonnene Verhaltensmuster, ist die Selbstbestimmung selbstverständlich anstrengender. Wir brauchen einen guten Grund, warum wir plötzlich etwas ändern sollten. Aber welcher Grund wäre besser geeignet als der, uns endlich -wieder- auf den eigenen Weg zu machen und ein Leben zu führen, das uns mit Freude und Energie erfüllt? Auch der Tanz hilft uns dabei, die Wellen des Lebens besser zu verarbeiten, mit ihnen mitzugehen und dabei doch unser Eigenes zu leben. Gleichzeitig gibt es Phasen, in denen wir uns dem Leben hingeben müssen. Dann können wir nichts tun, außer auf die Entwicklung in uns vertrauen, die schon in uns ist (vgl. Kast, 1998, S. 20).

Durch unser aktives Handeln erlangen wir das nötige (Selbst-)Vertrauen, das wir brauchen, um an uns und unseren Weg zu glauben. Irgendwann mag der Punkt kommen, an dem Sie all die neuen Alltagsroutinen hinterfragen, als nicht richtig empfinden und vielleicht aufgeben wollen - schließlich bringen sie Sie noch nicht richtig weiter.... Doch gerade dann müssen Sie dabei bleiben! Es braucht Zeit, bis wir uns an das Neue gewöhnt haben und bereit sind, einen Schritt weiter zu gehen. Auch wenn wir unser Ziel als Gesamtes nicht aus dem Auge verlieren sollten, dürfen wir nicht vergessen, jeden Schritt einzeln zu gehen. Wir können nicht von unserem Standpunkt aus in Lichtgeschwindigkeit zu dem von uns gesetzten Ziel rasen. Wir müssen zu Fuß gehen, in Schrittgeschwindigkeit, in genau dem Tempo, das uns gerade gut tut. Den eigenen Rhythmus kennenzulernen und sich nach ihm zu richten ist ganz wesentlich für uns sowie unsere Zufriedenheit und Gesundheit. Nur so entwickeln wir uns und sind überhaupt in der Lage, unser Ziel zu erreichen. Und während wir auf unserem Weg sind, fangen wir an zu verstehen, dass das die ganze Zeit das Ziel war – uns wieder im Einklang mit uns selbst zu befinden.

Wir können uns unsere Entwicklung wie einen langen, gewundenen Weg vorstellen. Er führt durch Täler, durch Wälder, zwischen Felsen hindurch und an Quellen entlang. Immer angetrieben – wovon eigentlich? Von dem, was in uns ist, was unser eigenes Potenzial ist, das sich entfalten will. Sehen Sie Ihre Innere Landkarte als Ihr persönliches Lebensmuster. All die verschlungenen Pfade, die Sie schon gegangen sind, haben Sie genau hierher geführt, als den Menschen, der Sie jetzt sind. An welche Wege erinnern Sie sich besonders gerne? Welche wären Sie lieber nicht gegangen?

Einladung zu einer kurzen Reflexion

Zeichnen Sie – intuitiv, ohne Anspruch auf Vollständigkeit oder Ästhetik – Ihre Wege auf. Breite, dünne, lange, kurze, Umwege, Sackgassen – alles, was zu Ihrem Leben dazu gehört.

Nehmen Sie sich jetzt bunte Stifte und schreiben Sie an diese Wege kurze Notizen: Kindheit, Neugier, Freiheit; Schule, lernen; Freunde, Spaß und Streit; erste Beziehung(en), Heirat, Liebe; Arbeit, Herausforderung, Neuland; Umzug, Weite, Entdecken – und fahren Sie auf Ihre Weise mit allen Wegen so fort. So haben Sie eine grobe Übersicht, wie es in Ihnen schon aussieht, was Sie schon erlebt und erreicht haben. Sie können auch Ihre Bewertungen mit hinzufügen, so wird es noch persönlicher und klarer: bspw.: Kindheit: Grundlage für das Leben; Heirat: pures Glück; Umzug: Aufregung etc.

Zum Abschluss lassen Sie das Ganze Ihres „Netzes", Ihres Lebensmusters wirken: Welche Gedanken / Gefühle / Ideen steigen dazu in Ihnen auf? Ist es stimmig? Hätten Sie es sich so für sich gewünscht und ausgesucht?

Dann lassen Sie los – all diese Wege sind gegangen. Nehmen Sie sich ein leeres Blatt und betrachten Sie es: All die Wege, die noch vor Ihnen liegen, können Sie selber wählen und bestimmen. Es gibt niemanden, der Ihnen sagt, welche Richtung Sie einschlagen sollen. Wenn Sie den Impuls verspüren, malen Sie auf das leere Blatt die Wege so, dass Sie zufrieden sind, dass Sie sich wohl fühlen und das neue Lebensmuster mit Ihnen übereinstimmt.

Legen Sie beide „Muster" nebeneinander und betrachten Sie beide gemeinsam – was fällt Ihnen auf? Gibt es Unterschiede? Gemeinsamkeiten? Wie können Sie von Ihrem aktuellen Lebensmuster zu Ihrem neuen wechseln? Wie bereichern sich Ihre zwei Muster? Wo ist eine Verbindung? Was können Sie jetzt und für Ihren weiteren Weg daraus lernen?

Notieren Sie, wenn Sie mögen, Ihre Gedanken dazu und lassen Sie diese erst einmal so stehen. Im weiteren Verlauf des Buches werden Sie einige Anregungen erhalten, wie Sie Ihre Lebenslandkarte so ändern können, dass sie mit Ihnen übereinstimmt.

Es wird deutlich, dass wir immer auf dem Weg sind, wenn auch nicht immer auf unserem eigenen. Eine kleine Einschätzung, wie es bei Ihnen aussieht, konnte Ihnen hoffentlich die Reflexionsübung bringen. Mit unserer „Inneren Weisheit" fällt es uns leichter, auf unserem Weg zu bleiben – auch, wenn es eher ein kleiner Trampelpfad denn ein ausgetretener Weg ist. Wichtig ist, dass wir uns damit identifizieren können – mit den Einstellungen, Verhaltensweisen, Handlungen etc. die zu diesem Weg dazugehören.

Jeder Weg hat seine Eigenart, seine bestimmte Landschaft. Sie entscheiden, in welcher Sie sich wohl fühlen.

TANZEND GEHT ES VORAN

Wenn wir unserer „Inneren Weisheit" einen festen Platz in unserem Leben geben, sind wir immer häufiger auf unserem Weg unterwegs. Dann stimmen unsere Handlungen mit unserem Gefühl überein, wir spüren unsere Selbstwirksamkeit und handeln selbstbestimmt. Haben wir diese Ebene erreicht, dann ist unser Weg das Ziel, nach dem wir gesucht haben: Gelebte Authentizität. Zu wissen, was wichtig ist und was getan werden muss. Unseren Platz in unserem Leben, dieser Gesellschaft gefunden haben: Ich weiß, wer ich bin. Dann wird Handeln leicht. Wir erledigen anstehende Aufgaben im Fluss unseres alltäglichen Tuns.

Damit Sie das selbst erfahren können, stelle ich Ihnen hier eine Übung aus einem meiner Tanz-Workshops vor:

Die Intention dahinter ist die, dass Sie sich im Tanz bewusst selbst erfahren, bewusst Worte auftauchen lassen, auch das nicht beschreibbare in eine Geschichte, ein Symbol etc. fließen lassen. Dass Sie nachspüren, wie Sie sich bewegen, wie Sie sich fühlen – Im Fluss... wiegend... stark... hell... dunkel... kraftvoll... verletzlich... Poesie und Tanz verbinden, sich auf tieferer Ebene erfahren. In unsere eigene Erfahrungswelt eintauchen, sie erleben und zulassen. Vom Konkreten der Bewegung den Zugang zum sinnlich-symbolischen Tanz erfahren, der sich -fast- von allein ergibt. Unser Körper speichert unsere Geschichte, die wir im Tanz (wieder-)erleben und danach zu Papier bringen können. Ein wenig, wie ein Märchen – unser „Lebens-Märchen" oder

„Tanz-Märchen". Unser Körper speichert unsere Erinnerung / Lebenserfahrung, der Tanz lässt uns dies wieder erleben, macht sie uns zugänglich und durch Worte / Geschichten können wir diese begreifen und in einen größeren, kollektiven Kontext stellen.

Wenn Sie mögen, legen Sie sich ruhige und gleichmäßige Musik auf.

Beginnen Sie mit den Füßen. Die Füße bewegen sich, tanzen... Folgen Sie der Bewegung, die auftaucht... Spüren Sie in Ihre Füße, in Ihre Bewegung hinein... Welche Worte tauchen auf? Bspw. tragend... geerdet... springen... hoch hinaus etc.

Gehen Sie dann zu den Beinen über und verfahren Sie genauso wie mit den Füßen: Lassen Sie eine Bewegung aufsteigen, folgen Sie Ihr, spüren Sie nach, welche Worte, Assoziationen dazu auftauchen. Wenn Sie mögen, können Sie diese Worte während des Tanzes notieren, ansonsten schreiben Sie am Ende Ihrer Bewegung Ihre Einfälle auf.

Wecken Sie nun nach und nach Ihren Körper auf – gehen Sie in Ihrem Tempo vor und lassen Sie Bewegungen zu den Hüften, dem Bauch, Armen, dem Kopf etc. aufsteigen und nehmen Sie achtsam die Worte auf und wahr, die Sie dazu spontan assoziieren. Vielleicht ergibt sich am Ende ein ganzes Gedicht – Ihr Tanzgedicht.

Auf diese Art können Sie sich selbst besser kennenlernen – wie nehme ich mich und meinen Körper wahr? Was verbinde ich mit meinen verschiedenen Körperteilen? Wie empfinde ich meinen Körper als Ganzes? Das sind wichtige und grundlegende Fragen, wenn wir uns auf der inneren Landkarte bewegen. Unser Körper ist ein Teil dieser inneren Landkarte. Diese innere

Landkarte können Sie wunderbar über den Tanz und mit dem Malen aus dem Unbewussten erfahren, sichtbar machen und erweitern. Zudem kann mit dieser Übung wunderbar an die vorhergehenden Übungen angeknüpft werden: Wie verändert sich Ihre Landkarte, Ihr spezielles „Muster", wenn Sie dieses aus verschiedenen Perspektiven erfahren und immer tiefer darin eintauchen?

Viele Tanzrichtungen verbinden den Tanz mit verschiedenen anderen kreativen Medien wie das Malen, Schreiben, Gestalten u. A. (vgl. Halprin, A, 2000 und Halprin, D., 2013). In meiner Arbeit nutze ich die Analytische Psychologie und ihre Methoden um dem Unbewussten näher zu kommen und um die Tanzerfahrung sowohl zu verankern als auch zu vertiefen. Vieles, was wir in der Bewegung erfahren, können wir kaum in Worte fassen, es noch nicht greifen, wie wir es auch im Focusing erleben. Was präsent ist, ist ein unbestimmtes Gefühl, das wir nicht ganz einordnen können, welches uns aber schon die Richtung zeigt, in die wir gehen könnten. Eine Landkarte ist sowohl Übersicht als auch Orientierung. So ist es auch mit unserer inneren Landkarte. Sie gibt uns eine Übersicht dessen, was in uns ist, was bzw. wer wir noch sind bzw. sein können. Gleichzeitig können wir uns auf und mit ihr orientieren, herausfinden, wo wir aktuell stehen, welche Wege wir schon gegangen sind und wo es jetzt für uns weitergehen könnte. Tiefer in sich selbst einzutauchen ist ein spannendes Abenteuer, eine Wanderung, die nie langweilig wird. Mit jedem Schritt erschließen wir mehr von uns selbst, erweitern unsere Möglichkeiten, gehen weiter nach außen. So, wie wir im Inneren immer klarer sehen, erweitert sich auch unser realer Lebensraum. Neue Möglichkeiten tun sich auf und damit auch neue Wege. So werden wir

Schritt für Schritt selbstverantwortlicher und selbstbestimmter. Wir werden nicht von außen gelenkt, es gibt niemanden, der unser Leben bestimmt – es sei denn, wir geben ihm die Erlaubins dafür. Wir sind es, die unser Leben bestimmen. Aus uns selbst heraus kommt der nächste Schritt. Er ist immer schon da, impliziert in unseren Handlungen. E. Gendlin nennt das „Entfalten" – das, was schon da ist, wird mit jedem Schritt immer mehr freigelegt – wie eine Kostbarkeit, die gut in einem Tuch oder Papier eingefaltet ist, um sie zu schützen. (vgl. 1998). Wir müssen „nur" auf unseren Körper hören und ihm die Möglichkeit geben, diesen nächsten Schritt zu gehen – so können wir ihn tatsächlich real umsetzen.

Meiner Erfahrung nach helfen hierbei immer mehrere Ebenen:

- Die Ebene des Bewusstseins:
    - o Wir reflektieren über unser Verhalten, machen uns bewusst, wo wir gerade stehen, was aktuell geschehen ist etc.
- Die Ebene des Körpers:
    - o Wenn wir mit dem Bewusstsein nicht weiterkommen, lenken wir unsere Aufmerksamkeit nach Innen. Über Focusing finden wir meist ganz gut heraus, was das eigentliche „Problem" ist und wie es weitergehen könnte
    - o Von hier aus können wir in die Bewegung und damit in den Tanz gehen, ich schalte jedoch gerne die dritte Ebene dazwischen:
- Die Ebene des Unbewussten
    - o Bewusstsein und Körper helfen uns oft weiter. Doch wenn wir in einer Sackgasse stecken oder blockiert sind, dann ist es unser Unbewusstes, was uns weiterhelfen kann. Mit der Analytischen Psychologie können wir dieses gut erreichen. Die

Imagination bspw. lässt sich sehr gut mit dem Focusing verbinden. Im Wechselspiel zwischen beiden gehen wir immer tiefer, ohne dabei das Gefühl für uns selbst zu verlieren.

o   Im Austausch mit dem Unbewussten kommen wir mit Symbolen, Archetypen etc. in Kontakt. Wir sind an eine tiefere Quelle angeschlossen, die uns sonst selten bewusst ist.

o   Sind wir regelmäßig im Kontakt mit unserem Unbewussten, kann unsere Energie relativ frei zwischen Bewusstsein (außen, „Kopf") und Unbewusstem (innen, „Bauch") fließen. Dann sind wir auch in unserem Alltag an diese Quelle angeschlossen bzw. können in schwierigen Situationen schneller an sie anknüpfen.

o   Im Anschluss an die Imagination (die Träume, Märchen, das Malen) schließe ich gerne den Tanz an:

-   Der Tanz verbindet die Körper- mit der unbewussten Ebene. Im Tanz können wir das im Unbewussten Erfahrene ausdrücken, es erweitern und damit auch unseren Lebensraum erweitern. Wir setzen konkret körperlich um, was wir in unseren Inneren Bildern etc. gesehen haben, gehen unseren Impulsen nach, erspüren die Bewegungen, die sich jetzt stimmig anfühlen und gestalten dadurch unseren ganz eigenen individuellen Tanz.

Auf diesen Ausführungen basiert meine folgende Anregung, mit der Sie die Theorie in die Praxis umsetzen können:

1.   Bewusst reflektieren

2.   Focusing

   a.   Imagination

   b.   Malen

3. Tanz

    a.   ggf. nochmals malen / verschriftlichen

4. bewusst reflektieren.

⇨ Damit schließt sich der Kreis und wir haben alle Ebenen durchlaufen. Zu Beginn setzen wir uns mit dem Thema (hier: Innere Landkarte) auseinander. Dann spüren wir nach, was es für uns bedeutet, was es mit uns macht. Um tiefer zu gehen, folgen wir den Inneren Bildern, die sich dabei auftun, gehen in einen Aktiven Dialog mit ihnen und setzen sie in ein Bild um. Das Malen aus dem Unbewussten erweitert die Imagination. Beim Malprozess selbst kommen meist noch andere Ebenen zum Vorschein, die vorher in der Imagination noch nicht sichtbar waren. Auch wenn wir das Geschehen noch nicht in Worte fassen können (Focusing), so haben wir jetzt doch ein Bild davon vor uns, was wir betrachten, auf uns wirken lassen sowie reflektieren können. Dabei geht es mir nicht darum, es „auseinander zu interpretieren". Für den persönlichen Aspekt ist vor allem wichtig, wie der Malprozess war und wie das Bild jetzt auf uns wirkt. In einer weiteren Überlegung können wir uns fragen, in welche Richtung es deutet, welche Farben vorherrschen, welche grundlegende Symbolik wir abgebildet haben. Aber auch: Was hat das Bild mit mir zu tun? Wo finde ich mich wieder? Was würde ich mir anders wünschen? Und in Rückbezug auf das Focusing: Ist es stimmig? Auch wenn es vielleicht nicht wie erwünscht ist: Ist es dennoch passend und spiegelt uns, so wie wir jetzt sind, wider? Ein Bild kann vieles ausdrücken, was uns mit dem Bewusstsein noch gar nicht alles zugänglich ist. Im Tanz kann dieses noch nicht Greifbare wunderbar umgesetzt werden. Dabei folgen wir

unserem Gefühl, unserer Stimmung – dem, was sich in unserem Bild ausgedrückt hat, der Wirkung, die es auf uns hat. Wie beim Malen auch erweitern wir im Tanz das Wahrgenommene, das, was wir erfahren haben. Wir
gestalten es aus und verknüpfen es somit mit unserem Körper. Was wir
vorher nur gespürt, auf dem Papier gestaltet und betrachtet haben, ist
jetzt in unserer Körpererinnerung gespeichert. Es ist Teil unserer inneren
Landkarte geworden und wann immer wir daran anknüpfen, können wir
uns dieses Körperwissen wieder zugänglich machen. Der Tanz lässt uns
neue Bewegungen ausprobieren, Grenzen überschreiten und aus alten
Verhaltensmustern aussteigen. Es ist etwas Neues, das wir tanzend gestalten, umsetzen und erfahren. Um dieses Neue nicht nur in unserem Körper
zu speichern, sondern auch bewusst zugänglich zu machen, können wir
nach dem Tanz ein neues Bild malen oder unsere Tanzerfahrung in Worte
fassen – bspw. mit einem „Tanz-Gedicht", aneinander gereihten Worten,
die das Erlebnis des Tanzes wiedergeben oder einem authentischen Be-
richt aus der Tanzerfahrung heraus (vgl. Halprin, D., 2013; Adler, 2012
und Teigeler, 2018). Dadurch können wir zwar nicht die direkte Erfahrung festhalten, wir geben ihr aber die Möglichkeit, ein Stück weit sichtbar
zu werden, so dass wir uns besser an sie erinnern können. Denn zum Abschluss ist es wichtig, sich den ganzen Prozess bewusst noch einmal anzuschauen, bewusst zu reflektieren. Wie beim Bild auch geht es hier nicht
darum, etwas „über zu interpretieren", sondern um das Verstehen unseres
eigenen Prozesses: Wo bin ich wie gestartet? Welches waren die nächsten
Wegmarker – und wie geht es mir jetzt am Schluss? Um diesen Prozess
wirklich deutlich zu machen und anschauen zu können, ist es wichtig,
nach jeder „Station" etwas zu notieren bzw. zu malen. Das sind unsere Orientierungspunkte, die uns helfen, das Geschehen auch noch später wieder

in Erinnerung rufen und wirklich nachempfinden, SPÜREN zu können. So
haben wir unsere bewusste mit der körperlichen sowie unbewussten
Ebene verbunden.

An den Tanz selber können wir von verschiedenen Seiten herangehen:
Zum einen können wir – wie ich es beschrieben habe – aus unserer eigenen
Wahrnehmung heraus tanzen, den Impulsen folgen, die gerade auftreten
und damit das Thema von innen heraus gestalten.

Umgekehrt ist es jedoch ebenso möglich: Wir können uns das Thema bewusst anschauen, es uns erarbeiten, Skizzen, Gedanken dazu machen und es
im Tanz ausgestalten. Dann gehen wir von außen in das Thema herein, gestalten es so konkret wie möglich aus (wie in einer Tanz-Improvisation) und
erfahren hinterher – durch das Notieren / Malen / Besprechen, was es in
uns bewirkt hat, welche tieferen Dimensionen im Tanz angesprochen worden sind, ohne dass wir ihnen bewusst gefolgt sind. Es ist wie im Bild: beim
Gestalten folgen wir dem kreativen Drang und erst hinterher bemerken wir
die Tiefendimension.

IN DIE TIEFE GEHEN

Um die „Innere Landkarte" zu gestalten, zu erweitern und überhaupt
sichtbar zu machen, bevorzuge ich die erste Variante: Wir gehen über die
Gefühle in den Tanz und gestalten von Innen heraus. Je nach Ihren persönlichen Vorlieben und Erfahrungen können Sie jedoch auch den umgekehrten
Weg gehen. In der Übungsbeschreibung füge ich diesen *kursiv* mit an, so
dass sich jede/r das für sie/ihn passende heraussuchen kann.

Die Innere Landkarte erschließen

Nehmen Sie sich hierfür entweder ca. 1 - 2 Stunden Zeit, in denen Sie nicht gestört werden oder teilen Sie sich die verschiedenen Abschnitte ein, wenn Sie weniger Zeit am Stück zur Verfügung haben bzw. lieber in kleinen Abschnitten vorgehen.

Zu Beginn geht es um die **erste Ebene**: Das **Bewusstsein**

Nähern Sie sich dem Thema „Innere Landkarte" aus Ihrem Kopf, Ihrem Bewusstsein, d.h. denkend, rational, heraus: machen Sie ein Brainstorming, schreiben Sie alles dazu auf, was Ihnen einfällt. Notieren Sie Ihre Ideen und Gedanken zu „Innere Landkarte":

Was stellen Sie sich darunter vor? Wie könnte Sie aussehen? Was könnte Sie Ihnen zeigen? Vielleicht wollen Sie auch eine Skizze machen, um Ihre Gedanken zu unterstreichen.

Stellen Sie sich *Fragen*, wenn es Ihnen hilft, sich dem Thema zu nähern:

→ *Wo stehe ich?*

→ *Was habe ich schon gesehen / hinter mir?*

→ *Wo könnte es weitergehen?*

➢ *Welche Wege zeichnen sich ab?*

➢ *Was will ich?*

Lassen Sie Ihren Verstand ausführlich zu Wort kommen, lassen Sie ihn für sich arbeiten und seine Sicht zeigen – die Sicht Ihres Bewusstseins. Diese Grundlage hilft Ihnen später, bestimmte Ideen zu behalten und andere zu ändern, so dass am Schluss ein Ganzes entsteht, das auf allen Ebenen stimmig ist.

Darauf folgt die **zweite Ebene** – die körperliche. Zunächst nähern wir uns dem Körpergefühl über das **Focusing**:

Jetzt geht es darum, das GESAMTE zu der „Inneren Landkarte" zu erspüren.

Es folgt eine kurze *Anleitung* in Anlehnung an A. W. Cornell (vgl. 2013) und E. Gendlin (2016, S. 191), die Ihnen helfen soll, selbst in den Prozess des Spürens zu gelangen:

Lassen Sie sich Zeit, um sich Ihres Körpers bewusst zu werden... Richten Sie Ihre Aufmerksamkeit vielleicht erst auf den äußeren Bereich Ihres Körpers, auf Ihre Arme und Hände... Spüren Sie, was Ihre Hände gerade berühren und wie sie sich anfühlen... Spüren Sie auch Ihre Beine und Füße... Spüren Sie, worauf Ihre Füße ruhen und wie sie sich anfühlen... Richten Sie nun Ihre Aufmerksamkeit nach innen, auf den ganzen inneren Bereich Ihres Körpers, diesen ganzen Bereich mit Ihrem Hals, Ihrem Brustkorb, Magen und Bauch... Verweilen Sie dort einfach ein wenig... Lassen Sie Ihre Aufmerksamkeit sanft auf diesem mittleren Bereich ruhen... Es ist in Ordnung, andere Teile Ihres Körpers zu spüren, fangen Sie aber vielleicht in diesem mittleren Bereich an, Hals und Brust, Magen und Bauch...

Schaffen Sie in sich einen Freiraum. Einen Raum, in dem es weit ist, Sie Platz haben, sich umsehen können und einladen können, was gerade ist...

Seien Sie absichtslos, lassen Sie sich Zeit, ohne zu drängen... Bleiben Sie offen für alles, was kommen und sich zeigen mag...

Was fühlen Sie in Ihrem Körper, wenn Sie an die „Innere Landkarte" denken? Was für Impulse steigen auf? Achten Sie auf alles, was dazu da ist – auch und vor allem auf das, was Sie -noch- nicht in Worte fassen können...

Vielleicht taucht ein Wort oder Bild auf, das Sie festhalten wollen... Was passt am besten, stimmt mit Ihrem Körperwissen überein?

Pendeln Sie zwischen Körperwahrnehmung (Felt Sense) und dem Wort / Bild etc. – so lange, bis beides übereinstimmt, Sie ein Gefühl der Erleichterung verspüren, weil es endlich stimmig ist... Halten Sie dieses Gefühl in sich fest, verankern Sie es... Der Felt Sense kann und darf sich dabei auch verändern. Leitend ist immer Ihr Gefühl der Stimmigkeit. Sie können hier Ihre Focusing-Sitzung beenden. Wenn Sie jedoch noch einen Schritt weiter gehen wollen, fragen Sie sich:

Was braucht es, damit ich mir meine „Innere Landkarte" ganz erschließe? Was wäre der nächste Schritt, damit ich einen umfassenden Eindruck von dieser Landkarte habe, so dass sie in mir fest verankert ist und ich jederzeit darauf zugreifen kann? Wie fühle ich mich, wenn mir meine Innere Landkarte ganz und gar zugänglich ist?

Seien Sie offen für das, was kommt. Wertschätzen Sie alles, was sich zeigt. Sie können Ihre Focusing-Runde jederzeit beenden, wenn es sich für Sie stimmig anfühlt – mit dem Wissen, dass Sie jederzeit hierin zurückkehren können. Bewahren Sie sich Ihr neues umfassendes, ganzheitliches Wissen.

Verweilen Sie hier ein wenig, lassen Sie es wirken, nehmen Sie es in sich auf...

... von hier aus können Sie gut in die Aktive Imagination einsteigen – entweder direkt als fließender Übergang oder mit einer Pause dazwischen.

Aus der Stimmung des Focusing heraus können Sie nun noch tiefer gehen. Wenn Sie diese Übung an einem Stück machen, können Sie Ihr Körperwissen aus dem Focusing gleich nutzen, um noch tiefer in sich hinein zu sehen. Haben Sie sich die Übung in kleine Einheiten eingeteilt, können Sie jetzt kurz innehalten, um sich Ihre Focusing-Sitzung erneut zu vergegenwärtigen.

Wenn es Ihnen hilft, stellen Sie sich erneut die Treppe vor, die Sie hinunter gehen, wie aus der vorherigen Imagination. Das ist allerdings nicht notwendig – wenn Sie schon in einer entspannten und offenen Stimmung sind, bereit, sich mit sich selbst auseinanderzusetzen, dann können Sie auch gleich mit der Imagination starten.

Lassen Sie ein inneres Bild Ihrer „Inneren Landkarte" entstehen... Pendeln Sie nochmal zu Ihrem Felt Sense und prüfen Sie, ob das Bild, das sich Ihnen zeigt, stimmig ist... Tauchen Sie in Ihr Bild, Ihre Landkarte ein... Vielleicht betrachten Sie sie von außen, können die Wege nachzeichnen, die Typografie entschlüsseln... Vielleicht sind Sie auch direkt in Ihrer Landschaft, erkunden die Wege, die Sie sonst nur als Spuren sehen, fühlen die Landschaft, die sich hinter Ihrer Landkarte verbirgt – was auch immer sich Ihnen zeigt, wichtig ist, dass es mit Ihrem Gefühl, Ihrem Felt Sense übereinstimmt. Verweilen Sie hier, erkunden Sie Ihr inneres Bild dazu aktiv, gehen Sie wenn möglich in einen Dialog, hinterfragen und gestalten Sie, wie Sie es auch im realen Leben tun würden. Seien Sie neugierig – es ist IHRE Landkarte, IHRE

Landschaft – was können Sie dort alles entdecken? Welche Möglichkeiten tun sich auf? Bleiben Sie so lange in Ihrer Aktiven Imagination, wie es sich gut für Sie anfühlt, wie Sie das Gefühl haben, noch etwas entdecken zu wollen. Dabei sollten Sie 20 Minuten jedoch nicht überschreiten – stellen Sie sich notfalls einen Wecker. Sie können jederzeit wieder hierher zurückkommen und Ihre bisherigen Erfahrungen erweitern und vertiefen. Dieser innere Raum und die in ihnen gemachten Erlebnisse gehen Ihnen nicht verloren.

I. Riedel und C. Henzler verbinden in Ihrer Methode „Malen aus dem Unbewussten" die Aktive Imagination mit dem Malen (vgl. 2008). Das wollen wir hier auch machen. Sollte es Ihnen gleich im Anschluss nicht möglich sein, so richten Sie es so ein, dass Sie vor Ihrem Malprozess eine kurze Imagination durchführen, in der Sie sich mit Ihrer Inneren Landkarte verbinden. Sowohl das Bild als auch der Malprozess ist dabei eine Erweiterung der Aktiven Imagination, es zeigt mehr, als wir in unseren inneren Bildern sehen können. Bringen Sie dabei alles auf Papier, was Ihnen „einfällt" – dieser „Einfall" ist meist ein schöpferischer Impuls aus dem Unbewussten (vgl. Neumann, 1995). Wie M. Cassou in „Point Zero" schreibt, ist es wichtig, sich immer wieder zu fragen: Was würde ich malen, wenn es keine Einschränkungen gäbe?" Sie führt uns immer wieder zu unserem „Point Zero" zurück, dem „Nullpunkt", an dem alles möglich ist und an welchem es keine Einschränkungen gibt – weder innere noch äußere (vgl. 2012). Wir können unseren Felt Sense dafür nutzen und uns fragen: Ist es noch stimmig mit meinem Körpergefühl?" Wenn Sie aus der Aktiven Imagination heraus gestalten, gestalten Sie damit auch ein Stück weit Ihr Unbewusstes und nutzen das kollektive Unbewusste, aus dem Sie wie aus einer schöpferischen Quelle schöpfen können. Sind Sie mit sich und Ihrem Energiefluss verbunden, entwickelt sich das Bild von ganz allein. Nur wenn es zum Stocken kommt und / oder Sie nicht mehr weiter wissen, können Sie kurz innehalten, Ihr Bild mit Ihrem Felt Sense vergleichen, sich an Ihren „Point Zero" erinnern und von dort aus frisch weitergehen. Sie müssen das Bild niemandem zeigen – es zeigt nur Ihnen selbst, was Sie bewusst noch nicht wissen und fassen können und hilft Ihnen somit, immer noch einen Schritt weiter zu gehen, sich Ihre Landkarte noch mehr zu erschließen. Das Bild stellt plastisch und anschaulich dar, was Sie bisher „nur" gespürt und in inneren Bildern erkundet haben.

Wenn Sie das Gefühl haben, dass Ihr Bild fertig ist, dann beenden Sie Ihren Malprozess. Dabei geht es nicht um Vollständigkeit, Schönheit etc., sondern wieder um das Gefühl der Stimmigkeit, das sich einstellt, wenn Sie spüren, dass Sie für jetzt zu einem Ende gekommen sind, dass Sie Ihre „Innere Landkarte", wie Sie sich Ihnen jetzt zeigt, dargestellt haben.

Lassen Sie Ihr Bild wirken – ohne hier jedoch schon zu interpretieren, zu hinterfragen etc. An dieser Stelle geht es nur um die Wirkung, die Ihr Bild auf Sie hat und was es in und bei Ihnen auslöst.

- Hier können Sie wieder eine kurze oder lange Pause einfügen-

Dieses Bild können Sie nun in Bewegung setzen, es körperlich erfahren, im **Tanz** ausgestalten, erweitern und erspüren.

Lassen Sie aus dem aktuellen Gefühl Bewegungen entstehen... Gehen Sie diesen nach... Lassen Sie auftauchende Gefühle achtsam und wertfrei da sein und setzen Sie diese im Tanz immer weiter in Bewegung um...

Betrachten Sie aus der Bewegung heraus das Bild – tanzen Sie zu ihm hin und wieder weg... Spüren Sie der Wirkung auf Sie nach: In der Nähe, mit Abstand (sowohl räumlich als auch zeitlich) ... stimmt beides überein: Tanz und Bild? Denken Sie an Ihren Felt Sense: Können Sie noch Kontakt mit ihm aufnehmen? Hin spüren, ob Bild / Tanz / Felt Sense übereinstimmen? Nehmen Sie sich Zeit für Ihren Tanz, folgen Sie den auftauchenden Bewegungsimpulsen, probieren Sie neue Bewegungen aus und folgen Sie Ihrem Körper.

Tanz vom Bild / Thema ausgehend:

Setzen Sie das Bild / die Landkarte in einen Tanz um. Orientieren Sie sich an Ihrem Bild / Ihren Gedanken und Ideen dazu und finden Sie dafür geeignete Bewegungs- und Ausdrucksweisen... Gehen Sie Ihren Bewegungen nach, probieren Sie aus, formen Sie um... So dass am Ende Ihrer „Tanzimprovisation" Bild (Idee etc.) und Tanz stimmig sind.

Sie können auch aus ihrem Tanz heraus entscheiden, ob ein neues Bild gemalt werden soll, dass Ihrer jetzigen Stimmung angemessener ist...

Um all Ihre kreativen Möglichkeiten anzusprechen und zu nutzen, schlage ich Ihnen vor, dass Sie Ihren Tanz versprachlichen. D.h., aus der Bewegung heraus Worte entstehen lassen, vielleicht ein Gedicht etc. Etwas, das Ihre Stimmung im Tanz und aus dem Tanz heraus wieder gibt. Dabei verändern die Worte – wie auch das Bild – das Tanzerleben, erweitern es und tragen es wieder einen Schritt weiter, so dass etwas Neues entsteht, das sich zwar im Tanz angekündigt hat, so aber noch nicht sichtbar war. Dadurch nehmen wir unsere Bewegung von außen wahr und gehen in einen Dialog mit unserem Körper (vgl. Adler in Teigeler, 2018, S. 267). Notieren Sie nach dem Tanz, was Ihnen in den Sinn kommt: einzelne Wörter, eine Geschichte, ein Gedicht...

Bei dem Tanz selbst können Sie entscheiden, ob Sie mit oder ohne Musik tanzen wollen. Vielleicht fällt Ihnen ein Stück ein, das genau zu Ihren aktuellen Gefühlen passt und Ihnen hilft, diese zu vertiefen. Vielleicht sind Sie gerade aber auch ganz zufrieden damit, ohne Musik zu tanzen und sich allein von Ihrem eigenen Rhythmus leiten und begleiten zu lassen. Beides hat Vor- und Nachteile. Machen Sie es von Ihrer Stimmung abhängig, probieren Sie aus, was Ihnen gut tut. Ich habe die Erfahrung gemacht, dass es sehr befreiend sein kann, nicht auf den bestimmten Rhythmus und damit einer bestimmten Intention / Aussage eines Liedes achten zu müssen. Andererseits können uns Lieder, die passend zu unserer Stimmung sind, helfen, noch tiefer in die Bewegung und damit in unser Körpererleben, unsere Innere Landschaft und Gefühlswelt einzutauchen. Der beste Weg ist der, der Sie weiterbringt. Deswegen probieren Sie jedes Mal neu aus, was jetzt gerade das Richtige ist.

Auch im Tanz können Sie sich immer wieder über den **Atem** mit sich und Ihrem eigenen Rhythmus verbinden. Unsere Atmung ist der Ausdruck unseres Lebens (Schoop, 1981, S. 75). Der Atemfluss ist gespürte Geborgenheit, beeinflusst unsere Bewegungen und umgekehrt. Der Atem dient als Orientierung bei der Bewegung ebenso wie in der Stille. Immer wieder zu unserem Atem hinzuspüren hilft, uns mit uns zu verbinden sowie achtsam mit uns zu sein.

Am Schluss ist es wichtig, dass Sie sich Ihren **gesamten Prozess** nochmal ansehen. Bei dieser Reflexion macht es Sinn, wenn Sie sich währenddessen Ihre Erkenntnisse / Beobachtungen notieren, um später darauf zurückgreifen können. Zeigt sich in der Reflexion etwas Neues, entsteht der Impuls, nochmal zu tanzen / malen / imaginieren – gehen Sie ihm ruhig nach, wenn es Ihre Zeit zulässt bzw. planen Sie ganz bewusst kleine Auszeiten in Ihrem Alltag dafür ein. So gelangen Sie zu einem gesamten Überblick und können alles mit einbeziehen, was jetzt zu dem Thema „Innere Landkarte" auftaucht. Durch Ihre Notizen entsteht so etwas wie Ihr persönliches „Handbuch", mit dem Sie sich später schneller an Ihren Prozess erinnern und an das Erleben anknüpfen können, ohne jedes Mal von vorn anfangen zu müssen.

➡ Was waren Ihre Ausgangsgedanken?

➡ Welche Idee hatten Sie, welche Wege hatten Sie im Kopf?

➡ Was haben Sie mit Hilfe von Ihrer Focusing-Runde wahrgenommen?

➡ Gab es einen Felt Sense – einen neuen Schritt?

➡ Wie war der innere Dialog – die Aktive Imagination?

➡ Wie haben sich die Bilder entwickelt? Haben sie etwas Neues gezeigt?

➡ Wie konnte dieses innerlich Geschaute, dieses Neue im Bild umgesetzt werden?

➡ Wie haben Sie Ihren Malprozess wahrgenommen? Fließend, leicht – im Fluss und in Übereinstimmung mit Ihnen? Oder manchmal stockend, blockiert...?

➡ Was zeigt sich im Bild?

➡ Geht es weiter als das Focusing und die Aktive Imagination?

⇨ Jetzt kann das Bild näher betrachtet werden: Welche Farben überwiegen? Wirkt das Bild insgesamt stimmig auf Sie – passt es zu Ihnen? Was ist neu? Worauf könnte es hinweisen? Welche Symbole / Gegenstände / Formen treten auf? Wo sind SIE in dem Bild? Zeigt es Wege und spiegelt damit ganz direkt Ihre Innere Landkarte ab? Woher kommen und wohin führen sie? Gibt es Weggabelungen, Kreuzungen? Umwege, breite Wege, schmale Pfade...? Wo ist Ihr Standpunkt?

➡ Und schließlich: Wie war der Tanz? Unabhängig davon, ob Sie direkt vom Bild oder von Ihren Gefühlen ausgegangen sind: Was hat er in Ihnen bewirkt? Welche neuen Schritte / Verhaltensweisen / Bewegungen konnten Sie mit ihm erproben? Haben Sie im Tanz Ihren Standpunkt gefunden?

➡ *Im Nachhinein kommen vielleicht Gefühle auf, die durch Ihre Tanzimprovisation unbewusst ausgelöst wurden und erst im Anschluss bewusst wahrgenommen werden können...*

➢ Und schließlich: ergibt Ihre kleine innere Reise ein Ganzes? Ist sie stimmig? Hat es Ihnen Ihre Innere Landkarte erhellt und näher gebracht?

⇨ Notieren Sie Ihre abschließenden Gedanken dazu und lassen Sie den ganzen Prozess zu Ihrer Inneren Landkarte erstmal wirken.

Haben Sie die Anregungen oder zumindest einen Teil davon durchgeführt, so haben Sie nun eine konkrete Ansicht Ihrer Landkarte, auf und mit der Sie sich bewegt haben, so dass Sie diese auch in Ihrem Alltag integrieren können. Von hier aus können Sie weiter gehen. Jetzt geht es darum, dass Sie das, was Sie bis hierher erfahren haben, auch weiterhin umsetzen und dabei bleiben, so dass Ihnen das neue Wissen nicht verloren geht, sondern es sie immer weiter mit begleitet. Sie können zu jeder Übung jederzeit zurückkehren, in Ihre Landkarte eintauchen, Sie erfahren, neu gestalten und schlussendlich ausdrücken. So bekommen Sie immer wieder eine gute Übersicht dafür, wo Sie aktuell stehen.

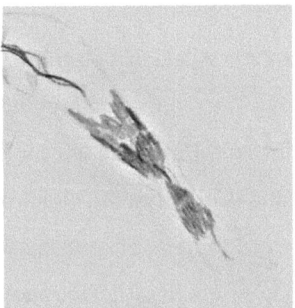

Wie schaffen wir es, trotz unserer vielfältigen Verpflichtungen auf unserem Weg zu bleiben und ihn Schritt für Schritt weiterzugehen?

Hier ist Platz für Ihr eigenes Symbol bzw. Ihre eigene Landschaft für „Auf meinem Weg bleiben".

WIE GEHT ES WEITER?

Wie wir bei dem Märchen von Allerleirau und dem letzten Kapitel „Landkarte" gesehen haben, ist der Tanz eine gute Möglichkeit, um unsere „Innere Weisheit" zu stärken und ihr zu folgen. Wie wir im Märchen mitverfolgen konnten, ermöglicht der Tanz u. a. durch die gleichbleibende Bewegung neue Einsichten. Im Tanz werden neue Erkenntnisse gewonnen, die wir für unser reales Leben nutzen können. Bei Allerleirau war das die Beziehung zum König und – wie wir gesehen haben – damit zu sich selbst.

In einer beengenden, nicht fruchtbaren Lebenssituation ist es der Tanz, welcher Befreiung, Wandlung und Transformation ermöglicht. Der Tanz darf dabei als „Probe" gesehen werden. Noch ist nichts verbindlich, noch wird nur mit verschiedenen Möglichkeiten gespielt.

Den eigenen Weg konsequent weiterzugehen, hat viel mit unserer inneren Bereitschaft und unserer bewussten Entscheidung, uns auf das, was kommt, einzulassen, zu tun. Damit lassen wir uns auch auf das Unvorhersehbare, das Neue und damit völlig Unbekannte, ein. Was dieses Neue für uns bedeuten kann und wie weit es gefasst ist, habe ich in dem Kapitel „Innere Weisheit" erläutert. Verbinden wir unsere Körperweisheit mit unserem Weg, ergeben sich die nächsten Schritte wie von selbst – ähnlich wie ein Tanz. Wenn jeder unserer Schritte in Übereinstimmung mit unserer „Inneren Weisheit" ist, dann kann sich das Leben mitunter tatsächliche wie ein „Tanz" anfühlen. Der Tanz ist hierbei das passende Medium, um die inneren Schritte mit den äußeren in Einklang zu bringen.

Um das zu verdeutlichen, habe ich wieder eine kleine Zwischenübung für Sie:

TANZEN SIE ☺

Stellen Sie sich locker hin, wie Sie es aus den vorherigen Übungen schon kennen. Atmen Sie bewusst tief ein und aus – verbinden Sie sich mit Ihrem Körper, Ihrem inneren Befinden. Wenn Sie mögen, schließen Sie die Augen. Stellen Sie sich jetzt vor Ihrem Inneren Auge wieder Ihren Leuchtturm vor, wie Sie das auch schon in der Imagination gemacht haben. Nur diesmal folgen Sie Ihren inneren Bildern im Tanz, mit Ihrem Körper, mit Ihren Bewegungen. Lassen Sie sich von Ihrem Körper führen – wo zieht es Sie hin? Welche Bewegung ist jetzt die richtige? Wie beweglich sind Sie, wie gut können Sie Ihren inneren Impulsen folgen?

➢ Spüren Sie Ihrer Bewegungserfahrung nach:

→ Gab es irgendwo Blockaden – körperlich / mental / emotional?

→ Wenn ja, schauen Sie sich diese gesondert an und schauen Sie, ob bzw. was sich beim weiteren Üben ändert. Seien Sie besonders offen und achtsam für die Verbindung zu Ihrer Inneren Landkarte: Welche Verbindungen ergeben sich hier?

Um den intensiven körperlichen Erfahrungen einen „Anker" zu geben, biete ich in meinen Workshops gerne an, etwas zu Malen oder zu notieren. Das möchte ich hier auch machen. Das Festhalten unserer Tanzerfahrung hilft uns nicht nur beim späteren Reflektieren, sondern sie hilft uns auch, unsere Bewegungen aus einer anderen Perspektive zu sehen und neu integrieren zu können. Dadurch können wir sie sowohl klären als auch vertiefen.

Im Bild sowie in der Verschriftlichung ist nie nur die reine Bewegung festgehalten, es ist immer etwas mehr. Immer geben wir auch etwas von uns dazu und bereichern die ursprüngliche Erfahrung.

Lassen Sie sich am Ende wieder etwas Zeit, um dem Gesamten nachzuspüren und in Ihre „Innere Landkarte", in Ihre Wahrnehmung von sich zu integrieren.

Durch das Focusing haben wir erfahren, dass es für das, was wir tief in uns fühlen – unseren „Felt Sense" – oftmals keine konkreten Worte oder Beschreibungen gibt. Das, was tief in uns ist, ist immer mehr als das, was wir bewusst ausdrücken können. Wenn ich Sie hier umgekehrt dazu einlade, die tänzerische Erfahrung zu versprachlichen, geschieht das aus einem ähnlichen Grund. Aus der Bewegung heraus entstehen manchmal Worte, vielleicht ein Gedicht, eine Geschichte, die zu uns und unserem Tanz passen. Auf dem Papier können Sie sich weiter entwickeln und die Tanzgeschichte weiter tragen. Bei der Übung in dem Kapitel „Landkarte" habe ich Sie schon mal dazu eingeladen. Hier können Sie ihren Ausdruck erweitern und neue Möglichkeiten kennenlernen, das körperlich Erfahrene in Worte zu fassen. Lassen Sie sich auf diese freie und offene Art auf die Sprache ein, so kann sie ein gutes Hilfsmittel sein, um sich selbst tiefer und weiter zu verstehen. Daraus entsteht ein Dialog zwischen Körper (Tanz) und Bewusstsein (Schreiben). Ebenso wie er zwischen Bild und Tanz entstehen kann. Verschiedene Ebenen helfen uns, uns von verschiedenen Perspektiven aus zu sehen. Im Authentic Movement wird die Bewegung über die Sprache reflektiert (vgl. Adler, 2012, S. 40), im Focusing nutzen wir die Sprache, um dem, was nicht benannt werden kann, näher zu kommen (vgl. Gendlin,1998). Anna Halprin nutzt in ihrer Arbeit ganz konkret die Verbindung zwischen Bewegung,

Emotion und Bild. Dabei pendelt sie zwischen den verschiedenen Ausdrucksebenen hin und her, so dass ein dynamischer Fluss entsteht und sich die Ebenen zu einem Ganzen verbinden. Dadurch kann ein Thema verarbeitet, zugänglicher gemacht und integriert werden (vgl. Halprin, 2000, S. 28ff).

BIN ICH BEREIT?

Diese fließende Bewegungsabfolge können wir ebenso für uns umsetzen. Dafür müssen wir uns zunächst sowohl auf die Bewegung einlassen als auch auf die tiefe Begegnung mit uns selbst. Indem wir offen für das sind, was sich uns zeigt, kommen wir unserer „Inneren Weisheit" immer näher. Dazu gehört auch die Auseinandersetzung mit unserem „Schatten", der zunächst ängstigend erscheinen mag, sich bei näherem Hinsehen jedoch als reiche Quelle erweisen kann.

Diese innere Bereitschaft ist auch beim Authentic Movement ein wichtiger Aspekt. Den inneren Bewegungen zu folgen setzt eine bewusste Entscheidung voraus und ist eine Verbindung von Hingabe und Wille (vgl. Adler, 2018, S. 232). Um auf unserem Weg zu bleiben, braucht es unsere Offenheit, immer wieder dem Unbekannten zu begegnen und uns darauf einzulassen. Denn wenn wir wirklich auf UNSEREM Weg unterwegs sind, verlassen wir oft vertraute Wege und begegnen so immer wieder etwas Neuem, mit dem wir uns auseinandersetzen müssen, womit wir so vielleicht auch gar nicht gerechnet haben. Lehnen wir dieses Neue von vornherein ab, ist uns diese offene und zulassende Haltung nicht zu eigen, dann verschließen wir uns möglicherweise dem, was auch zu uns gehört. Wie schon in dem Kapitel „Der Weg" deutlich wurde, braucht es unseren Schatten und die Integration der in ihm liegenden Potenziale, um wirklich ganz zu sein. Es ist immer auch ein Abenteuer, wenn wir uns auf den Weg zu uns selbst machen und unseren eigenen Weg verfolgen. Neugier ist ebenso hilfreich wie das Einlassen auf das Wagnis, sich selbst zu entdecken. Dazu gehört es, festgefahrene Strukturen zu verlassen und flexibel reagieren zu können.

Im Tanz lernen wir, auf unseren Körper zu hören, seinen Impulsen und unserer Intuition zu vertrauen. Dabei ist es wichtig, auch im Tanz selbst immer wieder nachzuspüren, die eigene Bewegung mit der inneren Stimmung abgleichen und sich zu fragen, ob der eigene Bewegungsausdruck noch authentisch ist. Der Tanz bietet uns eine Möglichkeit, uns auszuprobieren, wie wir es bei Allerleirau im Märchen verfolgen konnten. Bei ihr dient das Fest und damit auch der Tanz dazu, dass sie auf ihrem Weg weiter voran kommt und wieder sie selbst wird.

Um auf Ihrem Weg motiviert zu bleiben, ist es hilfreich, einen Schritt vor den anderen zu setzen und den „Weg der kleinen Schritte" zu gehen, anstatt zu viel auf einmal zu wollen und damit ggf. überfordert zu sein. Wählen Sie Ihre Teilziele in Übereinstimmung mit Ihrer „Inneren Weisheit" und folgen Sie auch hier Ihrem Gefühl, Ihrer Intuition und nutzen Sie Ihre Erkenntnisse aus dem Focusing. So kommen Sie dem Gesamten dessen, was Sie erreichen wollen in Ihrem Tempo immer näher, ohne dass das, wofür Sie brennen, auf der nächsten To-Do-Liste landet und in Vergessenheit gerät oder – vielleicht noch schlimmer – zur lästigen Pflicht wird. Behalten Sie sich den Zauber, den Sie jedes Mal verspüren, wenn Sie sich ganz auf sich einlassen. Denken Sie daran, dass Sie bestimmen, in welchem Rhythmus, mit welchen Übungen etc. Sie Ihre eigene Landkarte gestalten und damit Ihren Weg gehen. Vergessen Sie dabei die Dynamik des Lebens nicht: So, wie Sie sich auf Ihrem Weg ändern, können sich auch Ihre Ziele ändern. Solange wir leben, sind wir auf dem Weg, ohne jemals anzukommen. Denn sobald wir ein (Teil-)Ziel erreicht haben, zieht es uns weiter. Im Grunde sind wir immer auf der Suche nach uns selbst, nach immer größerer Übereinstimmung mit dem, was uns wirklich ausmacht. Dabei wählen wir ganz unterschiedliche Wege und Möglichkeiten – über den Beruf, die Familie, den Körper – jeder findet seine eigene individuelle Art, sich auf die Suche zu machen. Dennoch treibt uns alle die gleiche Sehnsucht an. Wir wollen uns „ganz" fühlen, „angekommen sein". In seltenen Momenten puren Glücks und Eins-Seins spüren wir das – das ist die Essenz unseres Antriebs, ein Teil unserer Inneren Stärke, die uns leitet. Dieses Glück sollten wir uns bewahren und uns immer wieder daran erinnern – möglichst mit unserem ganzen Körper. Durch das Focusing haben Sie bereits eine Vorstellung davon, wie das gehen kann. So können wir dem „Inneren Kompass" – bspw. wie oben beschrieben im Tanz – immer näher kommen. Der Tanz bringt uns dabei nicht nur in die Bewegung – er gibt uns auch Struktur und Halt und hilft uns, Blockaden und Hindernisse loszulassen und dadurch zu überwinden. Im Tanz können wir gestalten, uns ausprobieren, loslassen und dann bewusst das Neue Form annehmen lassen. Folgen Sie dabei immer Ihrem Körpergefühl in Ihrem eigenen Rhythmus. Je sicherer Sie mit Ihrer „Inneren Weisheit" verbunden sind, desto mehr können Sie dieser folgen.

Eine wichtige und vielleicht ganz neue Erfahrung auf diesem Weg ist das Erfahren der eigenen Körperweisheit. Das damit verbundene Wissen, dass Sie Ihrem Körper vertrauen können, wird Sie auf Ihrem weiteren Weg begleiten. Unser Körper gibt uns Halt und Struktur. In ihm finden unsere Lebensprozesse statt und über ihn finden diese ihren Ausdruck. Über unseren Körper haben wir gute Anknüpfungsmöglichkeiten, um noch tiefer in uns hinein zu spüren, uns noch tiefer zu erfahren und gleichzeitig mehr Halt und Sicherheit in uns selbst zu finden. Nehmen wir uns die Zeit und spüren in uns hinein, so haben wir jeden Tag eine kurze aber klare Übersicht darüber, wie es bei uns im Inneren aktuell aussieht. Dabei können Vorstellungen, Ideen oder auch Empfindungen auftauchen. Lassen Sie das ruhig geschehen, es gibt Ihnen wichtige Anhaltspunkte darüber, was noch nicht verarbeitet ist und wo Sie genauer hinschauen sollten. Vielleicht fühlen Sie sich im Fluss, leicht, inspirierende Ideen tauchen auf... oder Sie nehmen schmerzende Stellen wahr, die Sie tagsüber verdrängt haben... vielleicht spüren Sie gerade auch gar nichts... Nehmen Sie das, was kommt, so, wie es ist. Machen Sie es sich zur Gewohnheit, auf Ihren Körper zu hören, so werden Sie darüber immer mehr über sich und Ihre innere Motivation erfahren – und diese ist elementar wichtig, um auf Ihrem Weg zu bleiben.

MIT DEM KÖRPER AUF DER SPUR BLEIBEN

Gehen sie den entsprechenden Körperstellen nach, in denen Schmerzen / Blockaden etc. auftreten, so können Sie darüber erfahren, welche Themen jetzt für Sie wichtig sind. Offensichtliche Zuschreibungen der entsprechenden Körperbereiche können helfen (bspw.: Beine: vorwärts gehen, Arme: gestalten, Bauch: zu sehr festhalten, verdauen), wichtig und leitend ist jedoch Ihre eigene Zuschreibung. Denn es ist Ihr Körper und damit Ihre ganz persönliche Geschichte. Welche Erinnerungen / Erfahrungen / Emotionen verbinden Sie mit diesem Körperbereich? Mögen Sie ihn oder lehnen Sie ihn ab? Lebt dieser Körperbereich aktiv mit oder ist er Ihnen eher eine Last? Solche und ähnliche Fragen helfen Ihnen, sich selbst und Ihrem Körper auf die Spur zu kommen. Vielleicht tauchen auch sofort Bilder / Ideen zu diesem Körperbereich auf – prüfen Sie auch da, ob Sie stimmig sind und mit Ihrem Gefühl übereinstimmen, oder ob sie vielleicht etwas ganz anderes bedeuten.

Weitere leitende Fragen dabei können sein:

➔ in welchem Körperteil tritt der Schmerz / die Blockade auf?

➔ wofür steht dieser? (allgemein und für Sie persönlich)

➔ bei welcher Person? Wie stehe ich zu diesem Menschen?

➔ (Seit) Wann? In welcher Situation?

Folgen Sie Ihrer Empfindung, dann werden Sie spüren, was für Sie stimmt und Ihnen weiterhilft. Denn letztendlich soll Ihnen das Hineinspüren in sich, Ihren Körper, dabei helfen, mit sich selbst verbunden zu bleiben, um auf Ihrem Weg bleiben zu können bzw. rechtzeitig zu spüren, wann Sie es nicht mehr sind.

Um noch einen Schritt weiterzugehen für Ihr vertieftes Körpergefühl, habe ich eine weitere Übung für Sie:

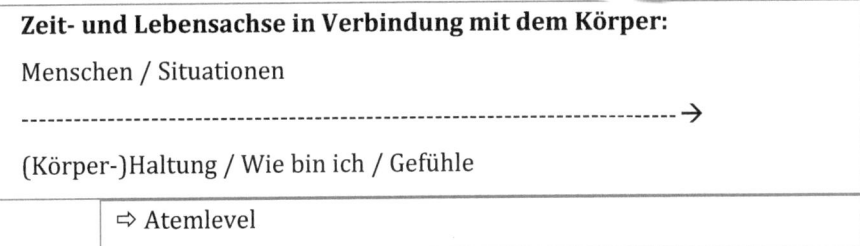

Zeit- und Lebensachse in Verbindung mit dem Körper:

Menschen / Situationen

--➔

(Körper-)Haltung / Wie bin ich / Gefühle

⇨ Atemlevel

Zeichnen Sie sich eine Zeit- / Lebensachse auf, die gerade verläuft – wie ein Zeitstrahl. Am besten nehmen Sie sich ein großes Blatt Papier und legen es quer.

Malen Sie dazu – in Kurven / Höhen / Farben Ihre Körperhaltung, in der zum einen Ihre Gefühle zum Ausdruck kommen und Sie zum anderen erkennen, wie Sie zu der jeweiligen Zeit waren. Malen Sie intuitiv und spontan, ohne sich allzu viele Gedanken zu machen. Das Bild soll Ihr inneres Wissen abbilden und nicht eine genaue Analyse Ihres Lebens darstellen. Wichtig ist, was in Ihnen dazu gespeichert ist, nicht, ob es tatsächlich 100 % mit den Fakten übereinstimmt. Wir passen unsere Erinnerung an unsere Gegenwart an – es kann also durchaus sein, dass die Erinnerung etwas anders ist, als die tatsächliche vergangene Begebenheit. Wenn es Sie interessiert bzw. wichtig für Sie ist, können Sie im Anschluss Ihr Bild mit den Fakten (sofern Sie Ihnen zugänglich sind) vergleichen.

Hilfreich kann es sein, zu den einzelnen Phasen Ihres Lebens imaginativ zu reisen: Wenn sie bei Ihrer Zeichnung nicht weiterkommen oder keinen Zugang zu sich in dieser Zeit haben, dann machen Sie es sich bequem und stellen Sie sich vor, wie Sie damals waren...

Wie waren Sie gekleidet? Wie haben Sie sich in Ihrem Körper gefühlt? Welche Menschen sind bei Ihnen? Was bedeuten Ihnen diese? Welche Situationen sind für Sie in dieser Zeit wichtig? Gibt es einen bestimmten Geruch? Spezielle Geräusche? Wieviel Energie haben Sie? Welche Farbe bringen Sie mit dieser Zeit in Verbindung?

Verweilen Sie dort so lange, bis Sie ein Gefühl für sich in dieser Lebensphase haben und gut zurückkehren können.

Setzen Sie im Anschluss Ihre innere Reise in Ihrem Bild um. Bei allen weiteren Phasen, die Ihnen noch nicht ganz klar sind, können sie ebenso verfahren.

Wenn Sie Ihren ausgefüllten Zeitstrahl am Ende auf sich wirken lassen, erkennen Sie dann eine Entwicklung an sich? Hat sich Ihre Haltung / Ihr Gefühl entscheidend geändert? Gab es Wendepunkte in Ihrem Leben? Oder sind Sie ungeachtet der äußeren Umstände im Grunde immer die- / derselbe geblieben? Was sagt Ihr Zeitstrahl über Sie aus? Sind Sie zufrieden damit?

Weist Ihre aktuelle Haltung in eine bestimmte Richtung? Nehmen Sie Ihre Erkenntnisse als Reflexionshilfe und Anhaltspunkt für Ihren weiteren Weg.

Die Entwicklung unserer Bewegung geht mit unserer psychischen Entwicklung einher. Wir durchlaufen verschiedene Bewegungsstadien, die sich wiederum auf uns und unseren ganzen Entwicklungs- und Lernprozess auswirken. So wird auch in der Tanztherapie damit gearbeitet, Entwicklungsschritte über die Bewegung nachzuholen. Damit verbunden ist auch unser Atem – je nach Lebenssituation kann unser Atem mehr oder weniger fließend sein, sich leicht oder schwer, stockend anfühlen. Wenn Sie mögen, können Sie Ihr persönliches Atemlevel in Ihre Entwicklungslinie mit einzeichnen.

VERTIEFTES KÖRPERWISSEN

Je tiefer unsere Vorstellung von unserem Körper ist, desto mehr können wir in unser Erleben eintauchen und desto intensiver fühlen wir. Erinnern wir uns: Unser Körper IST die Situation, wir sind nicht getrennt von ihm, auch wenn es uns manchmal so vorkommt. Je achtsamer wir mit uns selbst umgehen, desto authentischer können wir handeln (vgl. Bender, 2020, S. 131ff). Unser Atem ist unsere Lebensenergie. Indem wir immer bewusster spüren, wo unser Atem frei fließen kann oder an welchen Stellen er stockt, können wir unserer eigenen Energie folgen und sie immer bewusster lenken, ihr Raum geben. Unser Atem ist „ *das Grundgeschenk des Lebens an uns, die natürlichste Sache der Welt. Atem ist Urvertrauen, ist Selbstbewusstsein, Atem ist die Quelle unserer Lebensenergie" (Cantieni, 2006, S. 116).*

In unserem alltäglichen Leben haben wir eine klare Vorstellung von uns. Wir fühlen unseren Körper jeden Tag. Wir haben ein Gespür dafür, wie wir aussehen – wir fühlen es. Zum einen über unsere Kleidung (sitzt sie eng oder locker?) und natürlich, indem wir uns berühren, mit uns in Kontakt kommen (sei es beim Anziehen, duschen, Sport etc.) und selbstverständlich sehen wir uns auch größtenteils bzw. können wir uns im Spiegel ganz ansehen. Aber wir haben auch ein inneres Körperbild, worüber wir ebenfalls wahrnehmen, wie unser Körper gerade beschaffen ist. Dieses innere Körperbild tragen wir in uns und mit uns herum. Es vereint zum einen unser tatsächliches aktuelles Gefühl mit dem, wie wir gerne sein würden bzw. wie wir uns unabhängig von unserem Körpergefühl fühlen und mit symbolischen Anreicherungen, die wir gar nicht so genau fassen können. Es ist unser Gefühl von „So bin ich", was schon in dem Kapitel „Ausgangspunkt" als „Ich" anklang, allerdings ist es jetzt noch durch den konkreten Körper erweitert. Es ist ein verankert sein in sich selbst, ein Wissen davon, wie ich real bin und wahrscheinlich auch wahrgenommen werde. Hinzu kommt die Ahnung, dass da noch mehr ist, das allerdings noch nicht ganz sichtbar und somit für uns noch nicht zu fassen ist. All das schwingt in uns mit. Sind wir uns dessen bewusst, dann wird uns immer klarer, was noch in uns ist und wo es hinführt bzw. hinführen kann. Setzen wir uns mit unserem Körperbild auseinander, so können sich unser reales Bild und unser Wunschbild immer mehr annähern.

Anatomisches Wissen kann uns dabei helfen, unser Körperbild zu stärken, Bewegungen hin zu mehr Beweglichkeit zu ändern und ein Verständnis für die fein aufeinander abgestimmten Körperprozesse zu gewinnen. Wenn uns bewusst ist, wie unsere Knochen funktionieren, unser Herz, unsere Lunge – all unsere Organe – für uns arbeiten, wie fein abgestimmt und miteinander

verbunden ALLES in uns ist, erlangen wir neue Ehrfurcht für unseren Körper, es fällt uns leichter, mit ihm in Kontakt zu kommen und uns mit ihm zu
verbinden (vgl. bspw. Hartley, 2019 und Todd, 2017).

Vielleicht haben Sie Lust auf eine Entdeckungsreise. Dafür nutzen wir
diesmal das Malen aus dem Unbewussten von I. Riedel und C. Henzler. Das
Malen wird hier als Erweiterung der Aktiven Imagination gesehen. Statt innerer Bilder entwickeln sich diese auf dem Papier – ohne, dass wir sie bewusst steuern, sondern indem wir geschehen lassen. Das Malen aus dem Unbewussten regt ebenfalls wie die Aktive Imagination den Dialog zwischen
dem Unbewussten und unserem Bewusstsein an. Im Anschluss ist die Be-
trachtung des Malprozesses wichtig: Wie leicht oder schwer fiel mir das Malen? Wo bin ich ins Stocken geraten? Was hat mich überrascht? Auch die
Frage nach der Wirkung des fertigen Bildes ist zentral: Wirkt es stimmig,
fertig auf mich? Welche Wirkung hat es auf mich? Spricht mich mein Bild
an?

Jedes Bild stellt einen unmittelbaren Kontakt mit unserer innerseelischen
Wirklichkeit dar. Das Bild selbst fungiert dabei als Zwischenraum zwischen
unserem Bewusstsein und dem Unbewusstem. Es ist ein Stück Selbsterfahrung. Im Bild fließt alles ein, was im Moment in uns ist – sowohl Positives als
auch Negatives. Das Bild als Spiegel der Seele hilft, auch Unverstandenes
und Unwillkommenes anzunehmen.

In jedem Bild erschaffen Sie sich selbst, das Bild kann dabei als Weg der
Selbstentwicklung gesehen werden (nach Riedel, Vortrag 2015 in der Me-
lanchthon Akademie in Köln).

Nehmen Sie sich nach diesem theoretischen Input etwas Zeit, um sich wieder auf sich zu besinnen, zur Ruhe zu kommen, um sich dann auf den Malprozess einzustellen.

1.   Malen Sie spontan und intuitiv ein Bild von sich. Lassen Sie sich dabei von Ihrem Gefühl leiten und stellen Sie sich so genau, wie es Ihnen möglich ist, dar. Es geht dabei wie bei den vorherigen Mal-Übungen nicht darum, sich real korrekt darzustellen, sondern so, wie Sie sich wahrnehmen, wie Sie sich sehen und fühlen.

⇨ betrachten Sie Ihr Bild in Ruhe und lassen es auf sich wirken...

→   Sind das Sie?

→   Können Sie sich mit Ihrem Bild von sich identifizieren?

→   Wirken Sie so bzw. möchten Sie so wirken?

→   Passt Ihr Bild zu Ihrem Selbstbild, das Sie von sich haben?

→   Was kommt in Ihrem Bild noch zum Ausdruck? Vielleicht erkennen Sie einen Aspekt Ihrer Sehnsüchte und Hoffnungen, der sich in Ihrem Selbstbild zeigt...?

→   Fehlt etwas? Müsste etwas hinzukommen, damit Sie sich mit Ihrem Selbstbild wohl fühlen?

⇨ Spüren Sie in Ihr Bild hinein, probieren Sie aus, bis Sie sich wohl damit fühlen und ein Gefühl von „Ja, das bin ich" auftaucht.

⇨ Sollte Ihr Bild zwar stimmig sein, bei Ihnen aber ein negatives Gefühl der Unzufriedenheit o. Ä. auftauchen, dann machen Sie sich bewusst, dass Sie sich immer wieder malend und spürend mit Ihrem Selbstbild auseinandersetzen können und dass es letztendlich an

Ihnen liegt, wie Sie handeln, wie Ihre innere und äußere Haltung ist

etc. Das ist der grundlegende Ansatz, den ich in diesem Buch ver-

mitteln will: Durch mehr Bewusstheit über uns selbst können wir

alte Muster, die nicht mehr zu uns passen, nach und nach verän-

dern, so dass wir unser Selbstbild bewusst bestimmen, bewusst

handeln und somit Schritt für Schritt immer klarer das umsetzen,

was wir wirklich wollen.

2.   Im Anschluss an Ihr intuitives Selbstbild können Sie ein anatomi-

sches Bild von sich malen. Auch das muss nicht medizinisch korrekt oder

vollständig sein, es soll Ihnen vielmehr eine Vorstellung davon vermitteln,

wie Ihr Körper aufgebaut ist, woraus er besteht, wie alles zusammenhängt

etc. Es kann eine Skizze sein, die Ihnen ihre körperlichen Strukturen (Kno-

chen, Blutbahnen, Organe etc.) verdeutlicht. Je nach Ihren Möglichkeiten

und Neigungen kann es auch eine klar herausgearbeitete Übersicht sein. In-

tention dabei sollte sein, eine möglichst klare Vorstellung von Ihrer Anato-

mie auf das Papier zu bringen – so, wie es die eigenen zeichnerischen Fähig-

keiten zulassen. Lassen Sie sich auch bei diesem Bild von Ihrer Intuition lei-

ten, ohne dass sich Ihr korrigierendes Bewusstsein zu sehr einschaltet.

⇨   Im Anschluss lassen Sie auch dieses Bild auf sich wirken…

⇨   Fällt Ihnen spontan etwas auf? Ist es stimmig? Können Sie

sich mit diesem Bild identifizieren?

3.   Wenn Sie die beiden Bilder miteinander vergleichen – was fällt

Ihnen da auf? Hat es Ihnen geholfen, sich die anatomische Struktur ganz

konkret vor Augen zu führen?

Die jedem Menschen innewohnende Anatomie hilft uns, uns in unserem Körper mehr Zuhause zu fühlen. Über die Knochen, das pumpende Herz, die atmenden Lungen haben wir konkrete Anhaltspunkte, die uns helfen, uns mit unserem Körper zu verbinden. Das Wissen um den grundlegenden Aufbau unseres Körpers kann uns Sicherheit und Halt geben, der in dem intuitiven Selbstbild vielleicht gefehlt hat. Er ist wie ein stabiles Gerüst, an dem wir uns orientieren und festhalten können, wenn es im Außen nichts gibt, woran wir uns festhalten könnten. *„Den eigenen Körper zu malen ist eine Möglichkeit, zu fühlen" (Cassou, 2012, S. 78ff).*

Wie wir uns körperlich vorstellen, wirkt sich auf unser Empfinden / Haltung / Verhalten / Gefühle aus. Das Erspüren und Gegenüberstellen des anatomischen und symbolischen Körperbildes kann hilfreich sein, um alte Muster zu erkennen und letztendlich verändern zu können. Daher kann es auf unserem Weg von Zeit zu Zeit hilfreich sein, wenn wir uns vertieft mit unserem Körper(-bild) auseinandersetzen. Jeden Tag in uns / unseren Körper hinein zu spüren gibt uns wiederum die Möglichkeit, eine vertiefte Verbundenheit mit unserem Körper herzustellen, so dass wir die Einheit, die wir eigentlich sind (vgl. Bender, 2020, S. 79ff) wieder verstärkt wahrnehmen.

Unser Körperbild beinhaltet eine innere Vorstellung von unserem Körper und unseren Bewegungsmöglichkeiten. Es beinhaltet anatomisches Wissen und ist zum Teil unbewusst. Das im Selbstbild integrierte Körperschema entsteht durch Bewegung und ist Voraussetzung für ein stabiles Ich, Selbstwertgefühl sowie Beziehungsfähigkeit (vgl. Bender, 2020, S. 131). Mit unseren Bewegungen nehmen wir uns selbst, unsere Gefühle und andere wahr (ebd., S. 97). Über unser Körperbild gelangen wir zur eigenen Wahrnehmung: Wo zieht es mich hin? Was treibt mich an? Wo ist meine Energie?

Sollte unser Fokus dabei auf einem Körperteil / Organ o. Ä. liegen, dann ist das völlig in Ordnung. Lassen Sie sich auch hier von Ihrem eigenen Gefühl leiten, vermutlich hat genau dieser fokussierte Bereich etwas mit Ihnen zu tun. Vielleicht klingt dabei etwas in Ihnen an, das lange verschüttet war, es macht Sie auf etwas aufmerksam, das Sie angestrengt wegzuschieben versuchen – was es auch ist, sehen Sie es als Chance, mit sich selbst in einen engen Dialog zu kommen und auf Spurensuche zu gehen. Unsere Erfahrungen / Emotionen haben Auswirkungen auf unsere Anatomie. Das Wissen darüber hilft uns, mit uns selbst bewusster und achtsamer umzugehen. Für unseren Alltag ist es wichtig, sich der Konsequenzen eigener Körperhaltungen bewusst sein (vgl. Storch, 2006, S. 58).

Unser Körper ist ein Wunder. Es lohnt sich, tiefer in das eigene Körperwissen einzutauchen, sich mit dem eigenen Körper zu verbinden. Eine Trennung zwischen uns und unserem Körper ist an sich nicht möglich – wir SIND unser Körper (vgl. Bender, 2020, S. 79ff). Zum einen sind wir durch unsere Kultur und ihrer dualen Sichtweise geprägt, zum anderen sind wir selbst so sehr abgespalten von unserem Körper, dass es sprachlich kaum möglich ist, vom Körper als „Ich" zu sprechen, denn als „Ich" kann ich meinen Körper auch als von mir getrennt wahrnehmen, wenngleich ich mein Körper bin... Wichtig für mich in diesem Zusammenhang ist, Ihnen nahe zu bringen, sich intensiver mit sich und damit natürlicherweise auch mit Ihrem Körper auseinanderzusetzen und so den nötigen inneren Halt finden, um auf Ihrem Weg weitergehen zu können.

TANZEND GEHT ES WEITER

Auf unserem Weg lernen wir – in Verbindung mit Tanz, Focusing und Analytischer Psychologie – wieder auf unseren Körper zu hören, uns mit ihm zu

verbinden. Diese Erfahrung können wir nicht erzwingen – wir müssen offen
und bereit dafür sein. Hilfreich, um gut in den eigenen Körper zu kommen,
ist die Steh-Übung, die ich ganz zu Beginn in dem Kapitel „Ausgangspunkt"
vorgestellt habe. Sich abends vor dem Einschlafen etwas Zeit zu nehmen
und durch den Körper zu wandern und die Aufmerksamkeit nach innen zu
wenden hilft, diese Verbindung zu stärken. Auch hier hilft das einfache Atmen. Ankommen. Aus dem, was jetzt ist, Bewegungen entstehen lassen. Die
Energie aus dem Tanz gibt uns die nötige Power, um beständig weiter zu gehen. Im Tanz erleben wir unsere „Innere Weisheit" ganz konkret. Dafür
müssen wir unserem Körper folgen. Nicht wir machen die Bewegungen, sondern unser Körper zeigt uns, welche Bewegungen gerade passen. Manchmal
bewegen wir uns auf unsere altbekannte Art, bis wir irgendwann merken,
dass wir in einem Bewegungsmuster feststecken, dass nicht mehr lebendig
und authentisch ist. Dann ist es an der Zeit, innezuhalten, dem Atem nachzuspüren, nach innen zu spüren und aus unserem Körper selbst Bewegungen
aufsteigen zu lassen. Manchmal sind diese überraschend, vielleicht auch befreiend oder sie erfüllen uns mit tiefer, dankbarer Freude. Aber immer bringen sie einen Hauch Frische und Lebendigkeit zu uns. Halten wir dagegen
starr an unseren Bewegungen fest, fühlen wir uns irgendwann verkrampft,
es steigen keine neuen Impulse mehr auf und der Tanz bekommt einen faden Beigeschmack. Auch wenn ich dafür plädiere, regelmäßig zu tanzen –
und sei es nur für 5 Minuten! – soll der Tanz nicht zur Routine werden. Es
braucht das Spontane und Freie, um im Tanz wirklich loslassen und sich einlassen zu können. Erlebter Tanz kann mit Worten nicht wiedergegeben werden – das Erlebnis ist dann schon verflogen. Dennoch können uns „Tanzre-
flexionen" am Ende helfen, uns an das Körpergefühl zu erinnern und ein anderes Mal – wenn wir es brauchen – wieder daran anzuknüpfen.

Aus einer Tanzstudie:

Ich atme und lasse daraus Bewegungen entstehen. Ohne Musik fällt es mir momentan leichter. Dann fließen die Bewegungen und die inneren Bilder fließen mit. Dann fühle ich mich eins mit mir und wohl in meinem Körper. Ein Glücksgefühl stellt sich ein.

Die Wahl der Musik kann unseren Tanz bestimmen. Gehen Sie daher achtsam dabei vor. Musik, um sich im Tanz auszupowern, der Tanz als Fitnessmöglichkeit, ist etwas ganz anderes, als der Tanz, der aus uns selbst entsteht und dabei den leisen Melodien in uns folgt. Wir können entweder bewusst Lieder wählen, die wir kennen, um uns ausschließlich auf den Tanz einlassen zu können, Lieder, die unsere Stimmung gut wieder geben. Oder wir lassen die Musik ganz weg, weil kein Lied so recht passen will. Neue Lieder zu integrieren empfehle ich dann, wenn ein neues Thema erschlossen werden will, neue Situationen auf uns zukommen oder unsere bisherige Musikauswahl nicht mehr zu passen scheint. Dann können wir uns von den neuen Rhythmen – sanft - leiten lassen und herausfinden, wohin sie uns führen. Je nachdem, welche Aufgaben gerade anstehen oder welches Lebensthema im Vordergrund steht, reagieren wir auch anders auf die Musik. Reflektieren wir unsere Tänze schriftlich, können wir an ihnen ablesen, welche Wege wir gegangen sind.

Tanz ist eine gute Möglichkeit, um unsere „Innere Weisheit" zu festigen und ihr zu folgen. "Tanz ist urtümliche, kraftvolle wie lustvolle Bewegung und Freude am Lebendigsein" (Müller & Knoll, 1998, S. 52). Nur wenn Sie in Ihrer Mitte stark sind, können Sie auch leicht sein und nur, wenn Sie gut geerdet sind, können Sie schweben. Mit einer stabilen Mitte ist es leicht, den Raum zu entdecken und zu erobern. Durch die Morgenübungen Fe Reichelts können wir unsere Mitte (vgl. 2018) und damit sowohl unseren Körper als auch unsere Psyche stärken. Um uns auf den Tanz einlassen und seine schöpferischen Enegien für uns nutzen zu können, müssen wir einen Anker im Außen finden. Voraussetzung dafür ist zunächst – wie ich es immer wieder betone, ein stabiles Ich-Bewusstsein. Wie dieser Anker konkret umgesetzt werden kann, beschreibe ich in einem nächsten Kapitel. An dieser Stelle ist der symbolische Aspekt wichtig, der Tanz und Analytische Psychologie verbindet. Im Tanz können wir die neuen Aspekte, die wir in der Tiefe gefunden haben, verkörpern, ausdrücken und ausprobieren. Im Tanz SIND wir an unserem Ziel, wir SIND wie die Blume, die erblüht etc. Tanzend können wir all die neuen Aspekte ausprobieren und testen, welche davon zu uns passen. Solche inneren Bilder können durch Worte angeregt und im Tanz erlebt werden – so können wir das Zusammenspiel dieser beiden Ebenen für uns nutzen und im Alltag umzusetzen. Wir können bspw. von der Blume und ihrer Symbolik lernen und uns daran orientieren, dass alles Wachstum seine Zeit braucht – das der Blume und unseres. Gleichzeitig braucht Wachstum aber auch einen festen und fruchtbaren Boden, auf dem wir fest verwurzelt stehen können, ohne unsere Beweglichkeit und Lebendigkeit einzubüßen. All dem können wir im Tanz körperlich-sinnlich nachspüren, um es anschließend mit jungscher Symbolik betrachten zu können, bevor wir es in unser Ich-Bewusstsein integrieren und als neue Verhaltensweise in unserem Alltag umsetzen.

MIT TANZ UND MÄRCHEN TIEF IN UNSERE SYMBOLIK EINTAUCHEN

„Symbolik, Märchen- und Mythenwelt, der 'Stoff unserer Seele', sie sind inhaltlich wesentlich für unseren Ausdruck und für die Tanztherapie" (Reichelt, 199, S. 160). Das Märchen, als Erzählung verdichteter Symbole und kollektiver Menschheitserfahrungen, kann dazwischen stehen – kann, weil es mehrere Möglichkeiten gibt, das Märchen ist eine davon. Das Märchen jedoch kann das eigene Empfinden bestärken und bestätigen. Worte kommen auch aus unserem eigenen Tanz, K. Delakova nennt sie „Wortimprovisation" (vgl. 1991) und verschiedene Tanztherapeutinnen wie bspw. A. Halprin arbeiten ganz konkret und praktisch mit der Verbindung von Worten und Bewegung (vgl. 2000). So können wir zu unserer Landkarte unsere eigene Lebensgeschichte nicht nur erzählen, sondern mit unserem Körper ausdrücken, ihr nachspüren – bis es stimmig wird und wir uns auf unserer Landkarte, in unserem Körper heimisch fühlen.

Um zu uns zu finden, müssen wir loslassen können. Im Tanz können wir den Körper als Gefäß erfahren, was wir im Anschluss dem Bewusstsein zuführen können. So können wir mit dem Wissen, gut aufgehoben zu sein, im Tanz vertrauensvoll loslassen. Die Bewegung an sich muss dabei nicht lange dauern, wichtig ist vor allem unsere Körperwahrnehmung sowie unsere Auseinandersetzung damit. Je mehr Übung wir darin haben, unsere Aufmerksamkeit auf uns zu lenken, desto länger wird diese Übung mit der Zeit dauern. Über unser Körperwissen können wir uns immer wieder mit dem verbinden, was uns wichtig ist und was es ist, das uns in Bewegung versetzt. Ist es im Authentic Movement die äußere Zeugin, die unserem Bewegungsprozess Halt gibt, so können wir durch das innere Gewahrsein uns in diesem Prozess selbst Zeugin sein. Alle unsere Körperteile von dem kleinsten wie der Zelle über die inneren Organe bis über die Knochen, das Blut und die Haut können uns Antworten über uns selbst geben. Sie alle haben spezifische Aufgaben in unserem Körper und sind mit verschiedenen Aspekten von uns selbst verbunden. Eng damit verbunden sind auch die Gefühle, die in verschiedenen Körperteilen stärker zum Ausdruck kommen. Wer sich dafür interessiert, dem sei die Literatur im Anhang empfohlen. Wir geben uns mit unserer achtsamen Aufmerksamkeit selbst den Raum, den wir brauchen, um uns zu entwickeln. Erst aus diesem Raum heraus können wir einen Schritt weiter gehen und gestalten so unseren Weg mit jeder unserer Bewegungen neu. Das kann Entdeckerfreude ebenso wie Angst hervorrufen. Stellen Sie sich das einmal konkret vor: Mit jedem Ihrer Schritte gestalten Sie Ihren Weg neu! Das heißt nichts anderes, als dass Sie in jedem Moment in der Lage sind, zu entscheiden, WIE Sie leben wollen, welches Leben Sie leben wollen. Ihr Weg ist nicht etwas von außen Gemachtes oder Vorgegebenes, sondern er entsteht direkt aus Ihnen selbst – d. h., aus Ihren Entscheidungen heraus. Und diese wiederum kommen direkt aus Ihrem Körper, wenn nicht bewusst, so doch unbewusst. Doch unbewusst tendieren wir dazu, weitere Entwicklung zu vermeiden, „Gefahrenzonen", die mit unangenehmen Gefühlen verbunden sind, zu umgehen, so dass uns der Weg, der sich da unter unseren Füßen formt nicht immer gefällt.

Damit Ihnen das Potenzial, das in Ihnen steckt, voll bewusst wird, habe ich eine weitere Aktive Imagination für Sie entwickelt, die Ihr Bewusstsein dafür stärken soll:

Setzen Sie sich bequem hin und richten Sie sich so ein, wie Sie es gewohnt sind, wenn Sie sich entspannen wollen. Sorgen Sie dafür, dass Sie mind. eine halbe Stunde lang nicht gestört werden.

Schließen Sie die Augen. Nehmen Sie Ihren Atem wahr... Folgen Sie Ihrem Atem nach Innen... in Ihrem Rhythmus, in Ihrem Tempo.... Immer tiefer... Bis Sie spüren, dass Sie bei sich angekommen sind. Stellen Sie sich vor, Sie stehen auf einem Weg.. vor Ihnen erstreckt sich eine weitläufige Landschaft... auch in ihr gibt es Wege... gehen Sie nun einen dieser Wege... folgen Sie ihm und schauen Sie, wo Sie hinkommen, wie sich die Landschaft verändert und damit auch Sie selbst, Ihr Sein auf diesem Weg... Welche Gefühle verbinden Sie damit: zu stehen, unterwegs zu sein, in einer bestimmten Gegend anzukommen? Jede Gegend, jedes Ankommen bringt etwas anderes mit sich – und dafür andere Aspekte nicht. Sich entscheiden zu können, ist wichtig, um ankommen zu können. Gestalten Sie Ihren Weg in Übereinstimmung mit Ihrem Körperwissen, achten Sie auf Ihren Felt Sense, wenn Sie sich auf den Weg machen... Gehen Sie achtsam und bewusst, nehmen Sie den Weg und Ihre Befindlichkeit auf ihm wahr und lassen Sie zu, dass Sie Ihre Entscheidungen aus sich heraus treffen, ohne jedoch etwas erzwingen zu wollen... Es ist alles da, was Sie brauchen... Es liegt an Ihnen, was Sie daraus machen und welche Richtung Sie einschlagen...

Verweilen Sie wie in den vorherigen Imaginationen ca. 10 – 15 Minuten in Ihrer inneren Landschaft. Seien Sie offen für das Unbekannte und bereit, sich auf Neues einzulassen. Dafür müssen Sie gut in sich verankert sein, um sich auf das Abenteuer des Nichtwissens einzulassen... bleiben Sie mit sich verbunden, finden Sie in Ihrem Körper Halt und eine Haltung der Neugier... Sie bestimmen, wieviel Neues Sie bereit sind, anzunehmen...

Anschließend ist es gut, wenn Sie sich etwas Zeit nehmen, um Ihre Erfahrung wirken zu lassen, Sie zu notieren, zu zeichnen und bewusst zu verarbeiten. Vielleicht wollen Sie Ihre eigene Landkarte anpassen, etwas hinzufügen, eine neue malen... Folgen Sie auch hier Ihrem inneren Gefühl – das ist, was ich unsere „Innere Weisheit" nenne – Ihr untrügliches Gefühl, was sich jetzt gut und richtig anfühlt.

Mit dieser Übung konnten Sie ganz direkt nachspüren, wie es ist, wenn Sie auf Ihrem Weg unterwegs sind. Genauso kann es sich auch in der Wirklichkeit anfühlen, wenn Sie in mehr und mehr Bereichen Ihrer „Inneren Weisheit" folgen, Ihre Entscheidungen aus sich selbst heraus treffen, ohne sich gelenkt oder gar gezwungen zu fühlen. Es ist das Wissen, dass wir alle tief in uns tragen und was uns zu den Entscheidungen führt, die uns das Leben ermöglichen, das wir uns in unserer Tiefe ersehnen.

RAUM FÜR ENTWICKLUNG UND ERDUNG

„Wenn die komplexen Erfahrungen von Körperempfindungen, Gefühlen und Gedanken bewusst verkörpert und damit integriert sind, fangen sie an, in der Psyche weniger Raum einzunehmen" (Adler, 2012, S. 162). Somit können wir uns über die bewusste und selbstbeobachtende Bewegung einen Freiraum schaffen, wie wir ihn aus dem Focusing im Inneren kennen. So verbinden wir inneres und äußeres, achten unseren Körper als Erinnerungsträger und schaffen unserer Seele Raum, in der sie sich entfalten kann. Wie Teigeler in „Ins Nichtwissen eintreten" schreibt, wird der Körper im Tanz zum Gefäß, so dass wir tanzend psychische und physische Vorgänge verbinden können. Im Körper findet die Erfahrung ihren Ausdruck, wir schaffen Raum im Innen und verbinden somit Eindruck und Ausdruck (vgl. 2018, S. 80f). Bei dem freien Tanz, wie ich ihn anwende, bewegen sich alle Teilnehmenden frei in Ihrem Rhythmus. Wichtig ist mir, dass die Tanzerfahrung festgehalten wird – sei es in einem Bild oder mit Worten, dass sie verbildlicht oder – zumindest im anschließenden gemeinsamen Austausch – versprachlicht wird. So stellen wir eine Verbindung zwischen unserem Körper, seinem Ausdruck, unseren Empfindungen sowie unserem bewussten Sein her. Im Tanz allein geht das nicht immer, meines Erachtens braucht es ein weiteres Medium, mit dessen Hilfe wir auch wieder geerdet werden und uns bewusst mit unserem Tanz auseinandersetzen können. So haben wir die Ebene des Körpers, der Empfindung und des Verstands miteinander verbunden, es stellt sich eine neue Art von „Sein" ein, wir fühlen uns mehr mit uns verbunden. Schenken wir jeder unserer Ebenen (physisch, psychisch, mental) genügend Aufmerksamkeit, dann können sie besser miteinander arbeiten, so dass wir ein stärkeres Gefühl von „Das bin ICH" bekommen, was wiederum eine bessere Grundlage ist, um unseren Weg weiter zu gehen. Ein Aspekt ist mir hierbei noch wichtig: Vertrauen trotz Nichtwissen (vgl. Teigeler, 2018, S. 90f). Die Fähigkeit, sich einzulassen und sich hinzugeben, ist überall im Bereich des Tanzes von Bedeutung. Die Erfahrung, dass wir immer wieder aufgefangen werden, getragen sind, ist grundlegend, um Bewegungen in die Höhe auszuführen. Wir müssen den Boden gespürt haben, gespürt haben, dass wir getragen werden, um uns aufrichten zu können. Dieses Vertrauen brauchen wir auch auf unserem Weg. Auch wenn es mal dunkel sein sollte, wir die Richtung kaum erkennen können, kann uns doch das Vertrauen, dass wir uns auf uns, auf den Boden verlassen können, weitertragen. Das Vertrauen darin, nicht fallengelassen zu werden, auch wenn es alles andere als rosig für uns aussieht. Das Leben bahnt sich immer seinen Weg, nur nicht immer so, wie wir uns das vielleicht vorgestellt haben. Sind wir dann nicht in der Lage, die anderen Wege zu erkennen und schauen wir nur auf den Weg, den wir auserwählt hatten, der jetzt aber nicht mehr erreichbar ist, dann mag es so scheinen, als wären wir fallengelassen worden, als würden wir eben doch fallen können, trotz allen Vertrauens. Doch Vertrauen beinhaltet auch, dass wir dem Weg vertrauen und nicht nur uns selbst Glauben schenken. Oftmals erkennen wir erst im Rückblick, dass gewisse Abzweigungen geradezu heilsam für uns waren, dass wir uns auf unserem geraden Weg verlaufen hätten. Dieses Vertrauen in der Ungewissheit zu bewahren, ist wichtig, wenn wir unseren Weg gehen wollen. Das erfordert bewusste Präsenz und Wahrnehmung sowie die Bereitschaft, sich von der inneren Bewegung leiten zu lassen (vgl. Teigeler, 2018, S. 90f). Durch Üben und über unsere inneren Bilder schaffen wir uns den nötigen Halt und kommen auf unserem Weg immer weiter. Unsere Landkarte nimmt ebenso Kontur an, wie unser Körperbewusstsein, was sich wiederum an unseren Handlungen im außen zeigt. Innen und außen bedingen sich und diese Verbindung wird in der Bewegung sichtbar sowie über den Körper wahrnehmbar. Alle unsere Ebenen wirken aufeinander ein, stärken sich gegenseitig und somit auch unser Selbstbewusstsein.

Der Tanz kann als Dialog zwischen Körper/Bewegung und Bewusstsein/Unbewusstes gesehen werden und bildet damit das Gegenstück zu der Verbindung, die wir in der Aktiven Imagination erfahren. Auch hier schaffen wir bewusst eine Verbindung zwischen unserem Bewusstsein und unserem Unbewussten. Im Tanz machen wir das Gleiche, jedoch nicht in der Ruhe, sondern eben in der Bewegung. Bewusstes und Unbewusstes sind lebendig und stehen in stetem Austausch miteinander. Das Unbewusste ist wie ein Mutterboden, aus dem heraus wir schöpferisch tätig sein können (vgl. Jung, 1971, §102). Im Tanz können wir das direkt nachempfinden: Wir stehen auf dem Boden, der uns Halt gibt, aus dem wir Energie beziehen und aus dem heraus wir unseren Tanz gestalten. Symbolisch können wir das Bild des Baumes hinzunehmen: Wir stellen uns Wurzeln vor, mit denen wir die

Energie aus der Erde aufnehmen, unsere Arme reichen so hoch wie die
Baumkrone... Und geben über die Beine und Füße wieder Energie an die
Erde ab. So kann ein energetischer Atemkreislauf entstehen, der zudem mit
dem Bild des Baumes verbunden ist und die Erfahrung des „Mutterbodens"
noch verstärken kann.

Um den Boden, seine Tragkraft und das Vertrauen tief in sich zu verankern, kann es hilfreich sein, sich regelmäßig in der Natur aufzuhalten. In den
letzten Jahren ist der Begriff „Shinrin Yoku" populär geworden. Er meint
nichts anderes als den Aufenthalt im Wald, verbunden mit wissenschaftli-
chen Erkenntnissen darüber, wie der Wald uns physisch und psychisch gut
tut. Ich persönlich empfinde einen Waldaufenthalt immer als entspannend
und spüre oftmals danach seine regenerierenden Kräfte, als sei ich gerade
aus einem Kurzurlaub zurückgekehrt. Wenn Sie sich sonst eher nicht im
Wald aufhalten oder ihn noch nicht für sich als Ort der Entspannung und Er-
holung entdeckt haben, ist vielleicht eine kleine Anregung als Einstieg hilfreich:

Gehen Sie besonders zu Beginn in Ihrem Tempo in den Wald hinein.
Manchmal kann unser Schritt am Anfang sehr schnell sein – wenn wir gerade in einer sehr stressigen Situation sind oder es unsere Art ist, durch das
Leben zu „hetzen"; dann braucht es eine gewisse Zeit, bis wir zur Ruhe kommen, unseren persönlichen Rhythmus finden und wach und offen für die uns
umgebende Natur werden. Werden unsere Schritte langsamer, nehmen wir
auch den Boden wahr, auf dem wir gehen – wie er federt oder eher hart ist...
Die Unebenheiten, mit der uns die Natur konfrontiert und die wir auch auf
unser Leben beziehen können: es ist lebendig, natürlich; Umwege und Hindernisse gehören dazu. Wir nehmen die Bäume, Sträucher, Pflanzen neu
wahr, bemerken ihre Widerstandskraft, ihren Lebenswillen; alles in der

Natur ändert und erneuert sich regelmäßig, trotzt Stürmen, Regen, Schnee
und Eis – und doch regeneriert sie sich immer wieder. Die Natur mit wa-
chen, staunenden Augen, voller Neugier immer wieder wahrzunehmen, hilft
uns, von unserem eigenen Leben(-sweg) etwas Abstand zu gewinnen, die
Natur symbolisch auch auf uns zu beziehen und auf tiefer Ebene zu verstehen, dass es zum Lebendigsein dazugehört: Stürme, Zweifel, Wandlung... Die
Natur schenkt uns die Kraft und Zuversicht, dass auch wir auf unserem Lebensweg immer weiter gehen können und alles, was wir dafür brauchen, bereits in uns ist. Wir müssen vertrauen – in das Leben und in uns.

Dieser kleine Ausflug in die Natur sollte Ihnen zeigen, welche Möglichkeiten Sie haben, sich dem Thema „Vertrauen", „Getragen werden", „Boden" etc.
zu nähern. Den Wald finde ich dafür unglaublich stimmig, aber vielleicht gibt
es etwas, das für Sie passender ist – dann zögern Sie nicht und probieren
das aus. Es ist Ihr Weg und er verläuft durch Ihre individuelle (Lebens-
)Landschaft. Meine Anregungen sollen Sie dabei unterstützen, Ihren eigenen
Weg zu finden. Sie sind keine Anleitung, die Sie eins zu eins befolgen sollen,
sondern sie sollen Sie vielmehr einladen, sich aus dem, was ich Ihnen anzubieten habe, Ihren eigenen Weg zusammenzustellen.

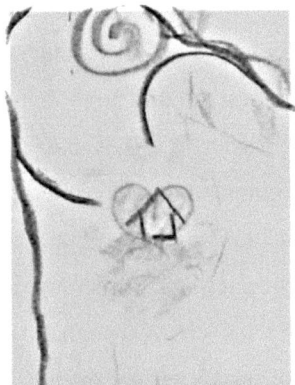

Was ist der Anker, der uns hält und immer wieder daran erinnert, wer wir sind, warum wir hier sind und auf welchem Weg wir sind?

Hier ist Platz für Ihren eigenen „Anker".

KÖRPER UND SYMBOL

Auf unserem Weg zu bleiben ist eine lebenslange Aufgabe. Um uns selbst dabei immer wieder zu unterstützen und zu motivieren, braucht es einen „Anker". Etwas, das uns wichtig ist, in unserem Körper(-bewusstsein) verankert und das wir abrufen können, um weitergehen zu können. Wie oft fangen wir begeistert etwas an, um dann auf halber Strecke resigniert stehen zu bleiben? Damit das hier nicht passiert, müssen wir uns über unsere Motive im Klaren sein: Was will ich wirklich? Warum habe ich mich überhaupt auf den Weg gemacht und was brauche ich, um mich daran zu erinnern? Was passt da besser, als unsere Körperweisheit zu nutzen? Über unseren Körper haben wir ganz konkret erfahren, wie es sich anfühlt, unterwegs zu sein, die eigene Landkarte zu gestalten, sich entwickeln und wachsen zu sehen. Wie in „Auf meinem Weg bleiben" schon beschrieben wurde, speichert unser Körper all unsere Erinnerungen und über ihn können wir erfahren, ob eine bestimmte Richtung, Entscheidung etc. stimmig ist. Im ersten Schritt will ich mich mit Ihnen nochmal intensiv und vertieft unserem Körper zuwenden. Der Ansatz des tiefen Körperbewusstseins hilft, um geerdet und mit sich verbunden zu sein. Dafür stelle ich Ihnen eine kurze Übung vor:

Setzen oder legen Sie sich bequem hin. Schließen Sie die Augen und lassen Sie Ihren Blick nach Innen wandern. Reisen Sie in Ihrer Vorstellung in Ihren Körper – Ihre Knochen, Ihre Muskeln, Blutbahnen, Ihre Inneren Organe... nehmen Sie das alles war, Ihre Struktur, das Zusammenspiel innerhalb Ihres Körpers... Wenn Sie mögen, können Sie daraus Bewegungen entstehen lassen – aus diesem inneren Körpergewahrsein heraus. Vielleicht tut es Ihnen gut, sich auf dem Boden zu rollen, den Widerstand zu spüren, Ihr festes Gegengewicht... Oder Sie nehmen die Schwerkraft intensiver wahr, wie Sie sich kraftvoll nach oben bewegen...

Wie Sie die Übung nutzen und weiter verfolgen, hängt von Ihnen und Ihrer Intention ab. Wichtig ist, dass Sie Ihren Körper tatsächlich in seiner Ganzheit spüren und wahrnehmen und dadurch auch all der damit verbundenen Möglichkeiten gewahr sind. Alles, was Sie aus Ihrem Körper heraus schaffen und gestalten können, können Sie auch im realen Leben umsetzen. Manchmal braucht es etwas mehr Zeit und Übung, aber es ist in Ihnen und je häufiger Sie das in der Bewegung, über Ihren Körper erfahren, desto mehr wird sich dieses Wissen in Ihnen verankern und zu einer Ressource von Ihnen werden.

Haben Sie erstmal ein bewussteres Körperbild entwickelt, werden Sie auch anders durchs Leben gehen. Ihre Haltung ändert sich, Ihre Handlungen und damit verbunden Ihre Reaktionen auf Situationen und Personen. Sie werden auf allen Ebenen bewusster.

Nur manchmal reicht der Körper allein nicht. Manchmal sind zu viele Blockaden, negative Erinnerungen und Schmerzen im Körper gespeichert, dass es eine Weile dauern kann, bis sich eine positive Beziehung zu ihm einstellt. Daher ist die Arbeit mit Symbolen ein weiterer wichtiger Anker. Über das Focusing erhalten Sie ein Gespür dafür, wann sich etwas passend anfühlt, über die Imagination können Sie damit verbundene Bilder, Ideen etc. weiter verfolgen und Ihnen nachgehen. Meist gibt es dabei ein Symbol, eine Farbe, die in dem Moment, für diese Intention besonders wichtig ist.

Nehmen Sie sich jetzt einen Augenblick Zeit:

Wenn Sie an den Ausgangspunkt und Ihren Weg denken, nachspüren: Was steigt da auf? Welche Gefühle, Bilder etc. zeigen sich? Wenn Sie sich dieser Frage etwas ausführlicher widmen wollen, können Sie hier eine Imagination

anschließen: Von Ihrem Gefühl / Bild etc. ausgehend bewegen Sie sich in Ihren inneren Bildern, um diese Ausgangssituation weiter zu erkunden und zu
erforschen. Lassen Sie sich, wie Sie es jetzt schon kennen, auf Ihre Bilderwelt ein, seien Sie offen und lassen Sie sich überraschen...

➡   Welche Symbole, Farben etc. tauchen auf? Was ist Ihnen besonders wichtig?

➡   Nehmen Sie diesen Anker mit in Ihr Alltagsbewusstsein

Vielleicht haben Sie Lust, diesen zu malen, oder sich eine besondere Figur,
Stein etc. zu suchen... Wichtig ist, dass es etwas ist, das Sie daran erinnert,
warum Sie sich auf den Weg gemacht haben und das Sie regelmäßig sehen
oder sich in einer kurzen Visualisierung täglich vor Augen führen.

Verknüpfen Sie Ihre inneren und äußeren Bilder mit Ihrem Körper, so
wird Ihr Anker stärker und irgendwann so selbstverständlich, dass Sie nicht
mehr bewusst daran denken müssen.

Um die Verbindung zwischen Körper und Bewusstsein zu verstehen, wenden wir uns nochmal unserem Ich zu:

Unser individuelles Bewusstsein ist ein „Überbau über dem kollektiven
Unbewussten" (vgl. C. G. Jung, 1946, §208). D.h., alles, was wir wahrnehmen
und zu wissen glauben, ist nur ein kleiner Ausschnitt dessen, was tatsächlich
um uns herum passiert. Deswegen ist es für uns wichtig, immer wieder herauszufinden, was wir WIRKLICH wollen, in die Tiefe zu tauchen, um hier sowohl Antworten als auch Unterstützung zu bekommen und dieses Wissen
wie einen Anker als Orientierung zu nutzen, an dem wir unseren weiteren
Weg ausrichten.

Wie ich bereits mehrfach betont habe, ist ein starkes Ich-Bewusstsein dafür unerlässlich. Denn ohne diesem haben wir kein „Gefäß", in dem wir die

Erfahrungen in der Tiefe verarbeiten und integrieren können und es ist niemand da, der uns navigieren kann – ob mit oder ohne Anker. Der erste Schritt ist daher immer, zu prüfen und dafür zu sorgen, dass wir ausreichend fest und sicher in unserem Leben stehen, uns selbst reflektieren können und in der Lage sind, ggf. Änderungen vorzunehmen ohne uns selbst dabei zu verlieren. Das ist die Vorgehensweise, die wir aus dem Focusing kennen: Ein lebendiger Schritt kommt immer aus unserem Körper, nicht von unserem Bewusstsein heraus.

Wir können uns unser Ich-Bewusstsein dabei wie eine Lichtung auf der Spitze eines riesigen Berges vorstellen, der weit in die Tiefe reicht und voller unermesslicher Schätze ist – das ist das -kollektive und persönliche- Unbewusste. In unseren Träumen können archetypische Bilder mythologischen Ursprungs erscheinen (vgl. Jung, 1946, §209) und uns dadurch an diese Quelle anschließen, eine erste Verbindung herstellen. Was wir nicht zulassen und verdrängt haben, sind die Anteile, die uns ängstigen und somit auf unserem Weg hemmen können. Ähnlich wie beim Malen und im Tanz ist es befreiend, dem, was in uns ist, Ausdruck zu geben. Denn: „Was unbewusst ist, bleibt unverändert" (C. G. Jung, 1971a, §260).

STÄRKEN DER „INNEREN WEISHEIT"

Verkörpertes Bewusstsein sowie Innere Bewusstheit sind wichtig, ebenso wie der Dialog auf allen Ebenen, wie wir ihn in dem Kapitel „Landkarte" kennengelernt haben: körperlich, geistig und seelisch sowie bewusst / unbewusst. Es geht darum, das, was wir fühlen, wahr- und anzunehmen, in Worte (Bilder / Symbole etc.) zu fassen und es uns damit bewusst zu machen. Dadurch lernen wir uns selbst immer besser kennen und stärken unsere „Innere Weisheit". Wir bekommen ein tieferes Gefühl dafür, was UNS ausmacht, wer wir wirklich sind. Dazu gehören neben unseren Motiven, Leidenschaften, Emotionen etc. auch unsere Körpergrenzen. Hilfreich dabei ist es, wenn wir das Gefühl für unsere „Innere Weisheit" konkret erleben und auf allen diesen Ebenen erfahren. Dafür können Sie folgende Übung ausführen:

Unsere „Innere Weisheit" spüren und ihre Energie wahrnehmen

Suchen Sie sich einen ruhigen und bequemen Platz, an dem Sie ungestört sind. Setzen Sie sich entspannt hin. Schließen Sie Ihre Augen und richten Sie Ihren Blick nach Innen. Verweilen Sie bei Ihrem Inneren Raum, der Ihnen jetzt schon ein wenig vertrauter ist. Können Sie eine Energie, Kraft in sich spüren? Die Kraft, die Sie antreibt? Vielleicht stellt es sich Ihnen als Feuer, als Energiekugel, ein „warmes Gefühl" oder Ähnliches dar – spüren Sie nach, wie sich diese Energie, die Kraft, die Sie antreibt, für Sie anfühlt und sich zeigt. Lassen Sie es auf sich wirken, verankern Sie es in Ihrem Körper, so dass Sie es bewusst abrufen können. Schauen Sie es sich genau an: Welche Farbe / Größe hat es? Was macht es mit Ihnen? Wie fühlen Sie sich, wenn Sie es wahrnehmen? Bringt es Sie in Bewegung? Lässt es Sie ausdehnen? Oder zur Ruhe kommen?

➢ Wenn Sie mögen, malen Sie Ihre Erfahrung auf, notieren Sie Ihre Ideen dazu oder setzen Sie es in Bewegung um, so dass Sie es noch besser erinnern können. Das ist ein Gespür für Ihre „Innere Weisheit" bzw. die Energie dahinter, die Sie antreibt und immer neue Kraft gibt. Dieses „Feuer" (oder ein anderes Bild / Symbol, was für Sie stimmiger ist) leitet Sie. Es zeigt Ihnen an, wofür Sie gerade bereit sind, wohin es Sie führt.

Unsere „Innere Weisheit" hilft uns, uns mit uns selbst zu verbinden und auf unserem Lebensweg zu bleiben. Doch wie stärken wir diese und wie schaffen wir es, unseren Weg nicht zu verlieren?

Hier hilft – wie im Kapitel „Landkarte" ausführlich beschrieben, die Orientierung an unserem „Leuchtturm". Immer, wenn wir uns einen Moment Ruhe nehmen, innehalten und in uns hinein blicken, dann können wir uns an ihm ausrichten. Ganz leicht, jederzeit in unserem Alltag – wenn wir gelernt haben, dieser Energie nachzuspüren. Er ist wie ein Magnet, auf den wir uns ausrichten. Verbunden mit einem bestimmten Körpergefühl. Es ist wie eine tiefe Sehnsucht, ein „Spalt", den es zu überwinden bzw. schließen gilt, bis es sich „ganz" anfühlt. Es ist wie der Felt Sense etwas, das wir nicht mit Worten allein ausdrücken können. Jede/r muss es selbst für sich erfahren – und für jede/n bedeutet es etwas anderes, ist es mit einem etwas anderen Körpergefühl verbunden. E. Neumann drückt es in „Der schöpferische Mensch" so aus: „Solange es eine Spaltung gibt, streben wir nach Ganzheit" (S. 78). Das ist es, was ich mit unserem Leuchtturm meine: Es ist dieses Gefühl, dass wir noch unterwegs sind, dass es noch nicht ganz mit dem übereinstimmt, was wir jetzt über uns wissen. Es ist die ewige Suche nach uns selbst. Sie ist es, die uns immer wieder nach dem richtigen Weg suchen lässt, die uns hilft, dabeizubleiben und nicht aufzugeben, auch wenn es mal schwierig wird. Wir können diesem „Spalt" – diesem damit verbunden Gefühl des nicht ganz Seins - imaginativ nachgehen, dann kann es sich verändern und uns einen Schritt weiter bringen. Doch solange wir diesen „Spalt" spüren, ist er unser Anhaltspunkt, dem wir folgen können. Es ist eine Sehnsucht, eine Ahnung, der wir folgen (vgl. Neumann, 1995, S. 79ff). Folgen wir diesem Gefühl, dann fühlen wir uns verbunden, der Ganzheit näher. Es ist, als würde etwas in uns geordnet werden, als wäre endlich alles an „richtiger

Stelle", würde sich stimmig anfühlen. Mit Focusing können wir dieser Sehnsucht in uns näher kommen. Über unsere Körperweisheit erhalten wir immer konkretere Antworten, wohin uns unsere Sehnsucht führt. Blicken wir von Zeit zu Zeit zurück, können wir erkennen, wie wir von unserer „Inneren Weisheit" immer wieder zu unserem Weg geführt worden sind, auch wenn es sich unterwegs mitunter ganz anders angefühlt hat. Im Alltag nehmen wir das gar nicht so wahr, doch wenn wir uns regelmäßige kleine Auszeiten nehmen, bleiben wir mit unserer „Inneren Weisheit" stetig in Kontakt. Dann ergibt sich fast von allein ein roter Faden, der sich durch unser Leben zieht und an dem wir uns orientieren können – sowohl in die Zukunft gerichtet, als auch auf die Vergangenheit bezogen.

UNSER KÖRPER ALS ANKER

Um diesem Gefühl – dem Leuchtturm oder Spalt, wie ich ihn beschrieben habe (wobei er sich für sie natürlich anders darstellen und anfühlen kann) – folgen und ihn als Anker nutzen zu können, brauchen wir unsere „Innere Weisheit". Das meint E. Moor mit ihrer „Körperweisheit" und A. Halprin mit ihrem „Tanz als Heilung": wir müssen wieder einen Zugang zu unserem Körper finden – seinen Wahrnehmungen vertrauen und ihm folgen. Daraus können wir dann weitere Bewegungen entstehen lassen, die uns unseren Gefühlen näher bringen. Im Wechselspiel unseren Körperbewegungen nachgehen, sie im Tanz ausdrücken, auf Papier bringen – malen, verschriftlichen – und wieder in Bewegung umsetzen, wie wir es in „Die Landkarte" ausführlich gemacht haben – so entsteht ein Dialog mit uns selbst. Ein Austausch zwischen Körper, Bewusstsein und Unbewusstem. Aus diesem inneren, intimen Dialog schöpfen wir Kraft und Inspiration. Er ist unser Antrieb sowie unser

Ruhepol. Wir brauchen diesen innigen Kontakt zu und mit uns selbst, um überhaupt dynamisch und lebendig agieren zu können.

Um dabei nicht festzustecken sondern auf unserem Weg immer weiter zu gehen, müssen wir offen für das Neue sein, nicht am Alten festhalten und unsere Sicht erweitern. Denn vieles von unserem Weg kennen wir nicht, ist uns vielleicht sogar gänzlich unvertraut. Deswegen müssen wir zum einen auf unseren Körper und unserer „Inneren Weisheit" vertrauen und zum anderen offen für das Unerwartete, Unvorhergesehene sein. Dabei steht uns unser Ich-Bewusstsein gerne im Weg. Es will, dass alles so bleibt, wie es ist. Das ist viel sicherer und bequemer. Bei dem Neuen wissen wir nicht, was uns erwartet, das macht Angst. Diese Angst können wir uns nehmen, indem wir uns immer wieder mit unserer „Inneren Weisheit" verbinden. Deswegen ist es auch zu Beginn so wichtig, dass wir uns damit auseinandersetzen, wer wir sind, wo wir jetzt stehen und wo wir hin wollen (s. „Ausgangspunkt").

Unser Ich-Bewusstsein stellt den Austausch zwischen Innen und Außen her. Dafür muss es offen und abgegrenzt zugleich sein – es hat damit eine Distanzfunktion inne (vgl. Neumann, 1995, S. 203). *„In der Auseinandersetzung zwischen dem Ich und dem Unbewussten kommt es zu einer Wandlung der Gesamtpersönlichkeit, in welcher der anfangs noch vorhandene Gegensatz zwischen Bewusstsein und Unbewusstem sich zu verändern beginnt"* (Neumann, *1995, S. 215).*

Durch unser lebendiges auf dem Weg sein sind wir schöpferisch und schaffen dadurch ein Drittes, etwas Neues, das mehr aussagt als alles, was wir bisher bewusst erfahren und gedacht haben. „Der Prozessschritt umfasst eine Veränderung des Inhalts, und ebenso eine Entwicklung des Selbst, eine kleine Bewegung der gesamten Person auf das Leben zu" (Gendlin,

1998, S. 64). Das „Neue" begegnet uns im Bewegungsraum des Tanzes, im Focusing, auf unserem Papier, in der Imagination – immer, wenn wir uns unserem Unbewussten öffnen, im Dialog / Austausch mit ihm sind. Dann treten wir ein in den großen Raum des (kollektiven) Unbewussten, aus dem wir schöpfen können. Wir sind schöpferisch, wenn wir uns auf den Weg machen und unser Leben aktiv, kreativ, lebendig selbst gestalten. Sind wir schöpferisch, dann sind wir angeschlossen an das gesamte Leben – die „Einheitswirklichkeit", wie E. Neumann sie nennt. Dafür müssen wir sowohl Loslassen als auch uns hingeben können – beides können wir im Tanz erfahren, üben und für uns entscheiden, welchen Stellenwert diese beiden Pole in unserem Leben haben sollen. Haben wir akzeptiert, dass Leben Entwicklung heißt und uns immer wieder vor die schwierige Aufgabe des Loslassens und Hingebens stellt, wird das Leben für uns leichter. Dann scheint das Leben es gut mit uns zu meinen, wie im Märchen bekommen wir Helfer, „magische" Gegenstände, günstige Gelegenheiten auf unserem Weg. Denn wie der Held im Märchen sind auch wir bereit, die Hürden zu überwinden, dunkle und karge Wegabschnitte auszuhalten, um unser Ziel – symbolisch gesprochen unseren Leuchtturm und Anker – nicht aus den Augen zu verlieren.

DAS SCHÖPFERISCHE IN UNS

„Das Neue ist immer fragwürdig und
bedeutet ein zu Erprobendes" (C. G. Jung, 1946a, §251).

Im Tanz probieren wir spielerisch aus, testen unsere Möglichkeiten, unsere Kräfte. Wir lernen, dynamisch zu bleiben, nicht an einem Gefühl / Ausdruck hängen zu bleiben, sondern diesen im Tanz zu hinterfragen, zu variieren. Kreativ mit dem, was jetzt da ist, umzugehen. Im Tanz können wir immer einen Schritt weiter gehen, immer mehr sein, als wir jetzt real in unserem Alltag sind. Der Tanz eröffnet uns ein weites Spielfeld verschiedener Möglichkeiten, in dem wir uns ausprobieren können. Fehler werden hier leicht verziehen – im nächsten Tanzschritt können wir daraus lernen und daran wachsen. Diese Erfahrung nehmen wir mit in unseren Alltag – wir können uns an unser Körpergefühl im Tanz erinnern, an die Rhythmen, die unseren Körper bewegt haben und mit einem anderen – vielleicht ganz neuen – Grundgefühl durchs Leben gehen. Der Tanz ermöglicht einen Raum der Möglichkeiten. Tanzen mehrere Menschen zusammen, kann hierbei ein Drittes entstehen (vgl. Waidelich, 2009, S. 9). Beim Focusing meinen wir den Körper von innen. Ein lebendiger Körper impliziert immer schon den nächsten Schritt. Wir erleben und erschaffen die Situationen mit dem Körper. „Jeder lebendige Körper ist eine Wechselwirkung. Er hat die Umwelt – als Wechselwirkung – schon in sich." Hieraus ergibt sich der nächste Schritt – das Neue (vgl. Gendlin in Wiltschko, 2008, S. 113 und 118ff).

Auch beim Malen aus dem Unbewussten öffnet sich uns dieser kreative Erfahrungs- und Spielraum: Mit den Farben können wir frei gestalten, was in uns ist. Wir können in einen Dialog sowohl mit unserem Unbewussten als auch mit unseren Bewegungen aus dem Tanz gehen – tanzend malen, malend tanzen. Wir regen einen kreativen Dialog in und mit uns selbst an. Dabei ist es wichtig, alles auf das Papier zu bringen – auch das, was uns vielleicht Angst macht, beschämt etc. – alles ist wichtig und vor allem notwendig für uns, um im Fluss zu bleiben. Alles das, was wir nicht malen, erzeugt noch mehr Angst und blockiert uns. Umgekehrt kann jedoch alles, was wir malen, dadurch transformiert werden. Es fügt sich ein in unser Bild ein, was sich dadurch wandeln kann, so dass wir das Neue annehmen und integrieren können. Hier klingt auch der Aspekt des Schattens an, welchen wir schon bei

„Allerleirau" kennengelernt haben. Diesen gilt es, anzunehmen, ihn überhaupt erst einmal anzuschauen, um ihn dann ebenfalls integrieren zu können. Tanz und Malen aus dem Unbewussten sind eine gute Verbindung hierbei. Sowohl für den Mal- als auch den Tanzprozess ist es wichtig, offen zu
sein, die Fülle der Wirklichkeit aufzunehmen, und in unseren Bildern zu gestalten.

Um das Schöpferische, die Fülle, selbst zu erfahren, lade ich Sie zu folgen-
der Übung ein:

Tanzend malen, malend tanzen

Schaffen Sie sich genügend Raum und mind. eine halbe Stunde Zeit. Legen
Sie sich Farben Ihrer Wahl zurecht, die Sie anregen, zu malen. Die Ihnen
Lust darauf machen, sie auch auszuprobieren und zu nutzen. Legen Sie sich
ausreichend Papier dazu, so dass Sie mehrere Blätter bemalen können. Kre-
ieren Sie so Ihren eigenen freien Raum, in dem Sie sich ausprobieren und
immer wieder neu erschaffen und umgestalten können – bis für Sie alles
stimmig ist und ein Ganzes ergibt.

Machen Sie zu Beginn eine kleine Visualisierung / Imagination (je nachdem, wie tief Sie in Ihre inneren Bilder eintauchen wollen bleibt es bei der
eher passiv/statischen Vision oder entwickelt sich zu der mehr aktiv/dyna-
mischen Imagination): Schließen Sie die Augen und lassen Sie ein Bild, eine
Farbe, ein Wort... entstehen, das für Sie den Anker verkörpert, das Ihnen
hilft, sich auf Ihrem Weg zu verankern, so dass Ihnen Ihr Prozess nicht mehr
verloren geht... Lassen Sie sich Zeit, damit sich Ihre Bilder dazu entwickeln
können. Greifen Sie nicht mit Ihrem Verstand ein – seien Sie wie im Focusing

offen und absichtslos. Sie wollen das Neue, Frische erfahren, nicht das Alte,
Abgestandene, das Sie schon kennen. Dafür braucht es Geduld – nehmen Sie
sich diese für sich...

Wenn Sie Ihr inneres Bild / Ihre inneren Bilder ausreichend in sich aufgenommen haben, gehen Sie über in die Bewegung. Ich würde Ihnen vorschla-
gen, die Übung ohne Musik zu machen, damit Sie von dieser nicht in Ihrem
Prozess beeinflusst werden. Wenn es Ihnen jedoch zu schwerfällt, wählen
Sie Musik aus, die Sie bei Ihrem Prozess unterstützt.

Setzen Sie Ihre Bilder in Bewegung um. Gestalten Sie diese so genau wie
möglich aus, so dass Sie diese Bilder wirklich spüren und erleben können.
Gehen Sie dabei immer einen kleinen Schritt weiter: Was bringt der Tanz
Neues dazu? Welche Bewegungen tauchen – unerwartet – auf? Wo zieht es
Sie hin? Bleiben Sie bei den Bewegungen und dem Tanz so lange, wie es sich
für Sie passend anfühlt. Sobald der Impuls zu malen auftaucht, setzen Sie ihn
um. Aus der Bewegung kann eine Form auf dem Papier werden, aus der
Farbe eine Bewegung. Gefühle, die im Tanz auftauchen, wollen auf dem Papier (durch Farben, Formen, Worte, Bilder...) ausgedrückt werden, die
durch das Malen aufgetauchten Gefühle wollen wiederum im Tanz gestaltet
werden. Folgen Sie Ihren eigenen Impulsen, tauchen Sie ein in Ihre eigene
Kreativität und lassen Sie sich von diesem Flow inspirieren. Es gibt keine
Vorgaben, wie oft Sie wechseln sollen, wie lange der Tanz bzw. das Malen
dauern soll – folgen Sie sich selbst, Ihrer „Inneren Weisheit", Ihrem Körperwissen: Sie wissen, was richtig für Sie ist.

Genauso wissen Sie, wann es Zeit ist, aufzuhören. Entweder entschließen Sie sich, an diesem Bild / Thema später weiter zu arbeiten oder aber sie beenden es, um zu einem anderen Zeitpunkt etwas Neues beginnen zu können. Wie bei den vorherigen Übungen auch, ist die Reflexion ein wichtiger Bestandteil des gesamten Prozesses: Notieren Sie, wie es Ihnen mit der Visualisierung / Imagination gegangen ist, wie Sie in den Tanz, das Malen gekommen sind, wie sich Ihr Prozess gestaltet hat. Wie Sie Ihren Tanz wahrgenommen haben – von Innen und außen, wie die Wechselwirkung zwischen Tanz und Bild war... Wie wirkt Ihr Bild jetzt auf Sie? Wirkt es stimmig und passend? Fehlt etwas, ohne dem Tanz dazu? Oder ist alles genauso auf dem Papier sichtbar, wie Sie es erlebt haben?

Wie wir bei der Übung gesehen haben, geht es beim Tanzen um den momentanen Selbstausdruck, darum, sich so zu bewegen, wie es sich gerade im Inneren anfühlt. Tanz kann alles sein – es geht um den persönlichen Ausdruck: stapfen, hüpfen, drehen, kriechen; vorwärts, rückwärts; allein, zu zweit, zu mehreren usw. Dazu gehört auch die Bewegung in Gedanken, welche ebenfalls Auswirkungen auf den Körper hat. Bei der natürlichen, freien Bewegung entsteht ein Feedback zwischen Bewegung und Gefühlen: „Unterdrückte oder inkongruente Gefühle hemmen die Aktivität des Immunsystems und verursachen Schmerz und Krankheit" (2000, S. 26ff).

Sind wir schöpferisch offen für das Neue ohne am Alten festzuhalten, so erweitern wir dadurch unsere Sichtweise. Wir erhalten eine erweiterte Perspektive für uns und unser Leben. Unser Ich lässt sich durch neue Welterfahrungen gestalten und gestaltet diese wiederum. Es ist nicht starr, sondern im Sinne des strömenden Lebensflusses dynamisch und flexibel. Damit gestaltet sich der schöpferische Mensch – und damit auch wir, die wir unser Leben selbst gestalten – immer wieder neu (vgl. Neumann, 1995, S. 109f).

Auch wenn E. Neumann in Bezug auf die Kunst bzw. den „Künstler" schreibt, so passt es doch auf jeden Menschen, der sich dem Leben hingibt und damit schöpferisch ist. Dann gestalten wir unser Leben aktiv und bewusst und sind auch dem Unbewussten gegenüber offen. Dadurch gelangt das Frische, Neue, das Lebendige in unseren Alltag, wie wir es auch vom Focusing her kennen. Sind wir auf diese Art auf unserem Weg unterwegs, scheinen wir immer voller Energie zu sein, nie wirklich „erschöpft". Das ist es wohl, was C. G. Jung meint, wenn er schreibt, dass das Schöpferische NICHT zerstört und das Unbewusste nie ausgeschöpft werden kann (vgl. 1946, §206). Und auch E. Neumann sieht das Schöpferische als ein unendlich Bewegtes (vgl. 1995, S. 145). Sind wir also an diese Quelle angeschlossen, indem wir im Alltag auf unseren Körper hören, in uns gehen, offen für unsere inneren Bilder sind, diese vielleicht sogar immer mal wieder malen oder tanzen, dann können wir daraus für uns diese unerschöpfliche Energie schöpfen, die es braucht, um ein erfülltes und selbstbestimmtes Leben zu führen. Focusing hilft uns ebenfalls dabei, bringt es uns doch mit jedem nächsten Schritt das frische Neue. Dabei kann das Schöpferische nicht gewusst, nur erfahren werden, wie wir es besonders aus dem Focusing und dem Versprachlichen kennen: Das, was uns ganz persönlich angeht, können wir am schwersten in Worte fassen. Wir müssen es erfahren, ohne es uns vorher denken zu können. In der Erfahrung selber ändert es sich, mit jedem neuen Schritt entwickelt es sich weiter. „Es ist eine Wahrheit der Veränderung und Entwicklung in dem gesamten Netzwerk des Erlebens" und „Der Prozessschritt umfasst eine Veränderung des Inhalts, und ebenso eine Entwicklung des Selbst, eine kleine Bewegung der gesamten Person auf das

Leben zu" (Gendlin, 1998, S. 63f). In JEDEM von uns ist das schöpferische veranlagt. Wir müssen uns jedoch daran anschließen, damit es uns auch weiterbringt. *„Dieser schöpferische Impuls gestaltet auch die Persönlichkeit."* Der schöpferische Impuls / Prozess gestaltet sich aus dem Dialog zwischen Bewusstsein und Unbewusstem. „... in der Resonanz zwischen dem Alten und dem Neuen ... entsteht das Andere, die Entwicklung." Die schöpferische Phantasie beinhaltet Eingebungen, welche etwas völlig anderes als unser bewusster Denkprozess sind (*Kast, 2007, S. 31ff*). Diese „Eingebungen" kommen aus dem Unbewussten und finden sich in der Resonanz in unserem Körper wieder, weswegen ein gutes Körperbewusstsein so wichtig ist. Aus diesem Grund verbinde ich in meinen Seminaren und Übungen immer wieder die bewusste Ebene mit der unbewussten. Gezielte Denkprozesse werden mit körperlicher Erfahrung verknüpft – so kommen wir in einen Dialog zwischen unserem Bewusstsein und dem Unbewussten, welchen wir dann auch gleich körperlich erfahren und dementsprechend verankern können. Damit gehört auch die Imagination zu unseren Ressourcen. Doch müssen wir -zumindest einen Teil davon- die inneren Bilder auch in der Realität umsetzen, damit innen und außen übereinstimmen und ausbalanciert sind (vgl. Kast, 2007, S. 36).

AUS DER VORSTELLUNG IN DIE HANDLUNG

Nur, indem wir wirklich aktiv handeln, werden wir Teil des Schöpferischen. Das kann ganz konkret in unserem Alltag sein, indem wir uns jeden Tag kleine Ruheinseln einräumen, immer mal wieder in uns hineinspüren, den Tag tanzend, meditierend etc. beginnen oder auch im Tanz, in der Aktiven Imagination: Hier können wir Probehandeln. Alles, was wir uns gedacht haben, was unsere Impulse, Ideen, Inspirationen sind, unsere inneren und

äußeren Bilder, können wir immer wieder umgestalten, um so herauszufinden, was wirklich zu uns passt. Von dort aus kommen dann die ersten
Schritte in unserem alltäglichen realen Leben. „Schöpfung" an sich beinhaltet auch immer die Phase des Innehaltens (Delakova, 1991, S. 82).

Dabei ist es wichtig, unseren ganz individuellen Weg zu gehen. Jede/r ist
anders und dementsprechend unterschiedlich sind unsere Wege, die uns zu
Heilung, Ganzheit, Zufriedenheit und Selbstbestimmung führen. Um ein Verhältnis zu der eigenen Gesundheit zu gewinnen, braucht es die Innenwahr-
nehmung (vgl. E. Moor, 2017, S. 122). Die Krankheit bzw. Unzufriedenheit,
Blockade, Krise etc. stellt uns in Frage – und betrifft damit sowohl den
„Kranken" als auch den „Gesunden". Auf der Suche nach Heilung muss immer wieder neu eine Antwort gefunden werden, die individuell ist und zu
dem jeweiligen Menschen passt. In unserer Individualität berühren wir uns,
was mitunter zu Kränkungen führen kann – denn jede/r hat ihre/seine eigene Antwort (vgl. Neumann, 1995, S. 150). Diese Unterschiede sind besonders in Gruppen erfahrbar. Nicht jede Übung spricht jede/n gleichermaßen
an. Dennoch ist es besonders in der Gruppe heilsam, dass sich alle auf ihre
Art einbringen können. So wächst das Verständnis sowohl für sich selbst als
auch für die anderen. Jede/r ist auf ihrem/seinen Weg und doch ist jede/r
dabei anders. In der Gruppe können die TeilnehmerInnen voneinander lernen, sich gegenseitig inspirieren und unterstützen. Meist entsteht dadurch
eine ganz besondere empathische und achtsame (Gruppen-)Verbindung.
Denn wenn ich mich selbst aushalten und annehmen kann – wie wir es in
den Seminaren erfahren und immer wieder gemeinsam üben – dann kann
ich auch andere annehmen und aushalten (vgl. Neumann, 1995, S. 151). Der
Ansatz in meinen Gruppen liegt daher auch immer im Individuellen. Innerhalb des festen Rahmens bzgl. Thema, Dauer etc. lasse ich immer viel

Spielraum, Freiheit und Möglichkeiten, innerhalb dessen sich die TeilnehmerInnen auf ihre Art auf das Thema einlassen können. Wir brauchen diesen Freiraum, um uns persönlichen Themen zu nähern, Situationen, Krisen
etc. zu verarbeiten. Es ist diese Verbindung von festen Vorgaben (unser Ziel,
das Ausgangsproblem, ein bestimmter Aspekt unseres Lebens etc.) und dem
freien Umgang damit. Die Verwendung verschiedener Ebenen und Medien
ermöglicht uns einen besonders tiefen und breiten Einstieg. Meine Konzepte
sind nie starr. Ich passe sie immer an die TeilnehmerInnen an, um ihnen so
auch ein neues Lernfeld zu ermöglichen, ähnlich, wie ich es in diesem Buch
darzustellen versuche. Selbst bei Seminaren gleichen Inhalts kristallisieren
sich immer andere Themenschwerpunkte heraus. In dieser offenen Teilneh-
merorientierten Atmosphäre können sich alle wiederfinden. Die TeilnehmerInnen erleben, dass es ok ist, „Nein" zu sagen, anders zu sein und andere
Vorstellungen zu haben. In der Gruppe wird all das praktiziert, was wir in
den vorhergehenden Kapiteln besprochen haben. Es geht um Offenheit für
sich und die anderen, gegenseitige Akzeptanz sowie Wertschätzung für das
Individuelle. In der Gruppe können wir auf unser Eigenes vertrauen – und
damit auch den anderen Glauben und Vertrauen schenken. Wir sind gemeinsam unterwegs und können dabei voneinander lernen. Es gibt kein „richtig"
und „falsch". Jede/r profitiert von der Ansicht der anderen. Jede/r findet
sich in irgendeiner Art in dem Gruppengeschehen wieder.

 Innerhalb einer Gruppe spüren wir auch mehr unsere Grenzen, unser Bedürfnis nach eigenem Raum sowie nach Nähe. Wir spüren es konkret körperlich und können es so auch gut körperlich verankern. Arbeiten wir für
uns allein, kann es helfen, sich dem Thema Grenzen ähnlich zuzuwenden,
wie wir das mit der Landkarte gemacht haben. Wir können auch tanzend
imaginieren – d.h., wir stellen uns vor, dass verschiedene Menschen mit uns

in unserem (Tanz-)Raum sind und lassen daraus Bewegungen entstehen, die Nähe und Abgrenzung signalisieren. Umgekehrt geht es natürlich auch: Wir bewegen uns durch den Raum und ziehen dabei ganz bewusst Grenzen, bestärken sie oder reißen sie ein – und folgen den dabei auftauchenden inneren Bildern. Unterstützend kann hier Musik angemacht werden – die das Thema „Grenzen" durch ihren Rhythmus ganz natürlich unterstützt.

Was ich hier als Gruppenerfahrung geschildert habe, gilt auch für Sie als Einzelne. Es ist IHR Weg und damit Ihre Entscheidung, welchen Schritt Sie zuerst gehen, welche Themen Sie vertiefen, welche Pfade Sie vergrößern und erweitern wollen. Es ist IHRE Innere Landkarte die Sie hier erkunden und Sie allein bestimmen, welche Gebiete Sie sichtbarer machen wollen. Dabei kann Ihre Innere Landkarte als Blaupause für Ihr reales Leben gelten – vielleicht haben Sie sich Landschaften erschlossen, die vorher Tabu für Sie waren und Sie können dadurch eine neue Erlebensqualität, neue Emotionen oder Verhaltensweisen in Ihr Leben bringen. Unsere Entscheidungsfähigkeit bringt uns Freiheit und dem Schöpferischen näher, fordert uns aber auch zu der Auseinandersetzung mit Gut und Böse und damit dem Licht und Schatten in uns, heraus.

Doch um unser Eigenes wirklich verankern zu können, müssen wir die vorherigen Schritte auch wirklich gegangen sein und erfahren haben. Es ist der nächste logische Schritt, der aus dem Gesamten folgt: Nachdem wir uns mit uns und unserem aktuellen Ausgangspunkt auseinandergesetzt haben, unsere „Innere Weisheit" spüren konnten, uns auf den Weg gemacht und unsere Landkarte gestaltet haben, ist es jetzt an der Zeit, all unsere Erfahrungen in unserem Alltag zu verankern. Immer wieder darauf zurückzugreifen, sie zu erweitern und zu vertiefen und letztendlich in unseren Alltag zu integrieren. Nur, wenn wir schon selbstbestimmt unterwegs sind, können wir unseren eigenen Handlungsspielraum erweitern. Über unsere Sinne und durch unsere Empfindungen sind wir in unserem Körper heimisch (vgl. Halprin, 2000, S. 25). Wir finden einen Ort in uns, indem wir unserer Sehnsucht, den natürlichen Bewegungen folgen. Durch diesen tiefen Ausdruck unserer / unseres Selbst fühlen wir die Geborgenheit, nach der wir gesucht haben. Dieses Besondere, was wir dort tief in uns finden, diese Einzigartigkeit in jeder/m von uns ist die „schwer erreichbare Kostbarkeit". Wir finden sie bei Allerleirau in ihren Kleidern, auf unserem Weg, wenn wir dem „Spalt" folgen, der Lücke, die wir überwinden müssen, um uns ganz zu fühlen.

AUF DER SUCHE NACH DEM SINN

Wenn wir unseren Weg gehen, empfinden wir Sinn. Dieses Sinnerleben ist wichtig für unsere Entwicklung, unsere Motivation, unser Streben. Es ist der Grund, warum wir morgens aufstehen und jeden Tag unser Bestes versuchen. Unser Bestes in dem Sinne, dass wir versuchen, möglichst authentisch zu sein, möglichst nah an uns selbst und an den Menschen, die wir lieben. Wenn Sie sich mit der Welt in Übereinstimmung erfahren, erleben Sie Ihr Leben als sinnhaft. Unser Ich ist durch unser Bewusstsein und auch zeitlich begrenzt, unser Selbst dagegen ist ewig und jenseits des Bewusstseins. D.h., es gibt sowohl die Begrenzung der Realität, als auch den freien Raum des Schöpferischen (vgl. Neumann, 1995, S. 193). Grenzen dienen der Abgrenzung. Es bedarf einiger Klarheit, um zu erkennen und vor allem zu zeigen, wer ich bin. Grenzen können einen sicheren Rahmen bieten und gleichzeitig genug Raum für das Schöpferische, Kreative, Freie lassen.

Im Tanz spüren wir sowohl diesen freien Raum als auch die Einheit, die nur in diesem Augenblick erfahren werden kann (vgl. Adler, 2012 und Neumann, 1995, S. 194). Im Tanz können wir uns erden, immer wieder einen direkten, sinnlich erlebten Bezug zu unserem Weg herstellen, ihn „wirklich" gehen. Dabei können wir die Wirkung innerer Vorstellung zu Hilfe nehmen: Bewegen wir uns nur in Gedanken, hat das einen ähnlichen Effekt, als würden wir uns tatsächlich bewegen (vgl. Halprin, 2000, S. 27 sowie Hüther, 2015). D.h., wir können uns vorstellen, dass wir auf unserer Landkarte entlang gehen, können in dieser Vorstellung fühlen, wie sich unsere Bewegungen und damit unsere Gefühle ändern. Es ist eine Erweiterung und Vertiefung der „Landkarten-Übung". H. Waidelich beschreibt in ihrem Artikel, dass sich KlientInnen im Tanz wohler und heiler fühlen, als sie es aus ihrem Alltagserleben heraus kennen (Waidelich, 2009, S. 1). Der Tanz ist hier noch mehr ein Probehandeln, ein vorweg nehmen dessen, was im Alltag noch gelebt und integriert werden muss bzw. will. Besonders im Tanz haben wir die Wahl, ob wir uns verstärkt uns selbst oder der Welt, dem Außen zuwenden. Lt. Waidelich gibt es zwei Wege des Einregulierens: Über die Außenwelt oder über den inneren Zugang. Ähnlich habe ich es im Tanz beschrieben: Wir können von uns selbst ausgehen und von dort aus mit den Bewegungen und der Selbsterforschung starten. Wir können aber auch von außen nach innen gehen. Diese Verbindung von innen und außen ist immer wieder und überall Thema. Bei der Analytischen Psychologie suchen wir die Verbindung zu dem Unbewussten, um in einen Austausch zwischen Innen und Außen zu gelangen. Im Tanz nun können wir von unserem inneren Erleben her diese Verbindung zu uns und zur Außenwelt suchen oder wir gehen von der aktuellen Situation im Außen aus, gestalten diese und bringen sie somit in unser inneres hinein und gestalten den Dialog von außen nach innen. Das hat ein wenig mit Ihrer Persönlichkeit zu tun: sind Sie eher introvertiert und gehen die Dinge gerne von Ihrer eigenen Wahrnehmung aus an oder orientieren Sie sich stark am Außen und gehen eher extravertiert auf die Dinge zu? Auf diese Art werden Sie auch den Tanz für sich nutzen. Hier gibt es kein richtig oder falsch. Jede/r kann das Angebot für sich auf seine/ihre Art nutzen. Vielleicht ist es interessant, auch mal den anderen Weg auszuprobieren. Aber zwingen Sie sich zu nichts – es soll von Ihnen heraus kommen, nicht weil Sie das Gefühl haben, auch etwas anderes ausprobieren zu MÜSSEN. Lassen Sie sich von Ihrer Neugier leiten, nicht von Ihrem Perfektionismus.

VON INNEN NACH AUßEN

Vielleicht haben Sie jetzt Lust bekommen, Ihre Landkarte zu erweitern, aus- oder sogar neu gestalten, oder einzelne Sequenzen, die Sie imaginativ erlebt haben in Bewegung umsetzen – nehmen Sie sich die Zeit dafür! Durch den Versuch, unsere Gefühle zu verstehen, entstehen innere Bilder. Es ist ein Wechselspiel: Innere Bilder können Bewegungen vorspielen, darüber entstehen Gefühle, die wir in Bewegung umsetzen können, dieser daraus entstehende Tanz erzeugt neue Gefühle und auch neue innere Bilder – es ist ein kreativer Prozess. A. Halprin nennt diese Verbindung der Bewegung mit den inneren Bildern *„psychokinetische Visualisation"* (vgl. 2000, S. 30).

Bei Waidelich ist es in Anlehnung an Winnicott der Übergangs- und Möglichkeitsraum, in dem sich zwei Personen befinden und daraus – bspw. über ein Bild – ein Drittes entstehen kann (2009, S. 9f). Im Authentic Movement ist es die Beziehung, die dieses Dritte entstehen lässt und bei der Analytischen Psychologie ist es das Schöpferische, das aus dem Unbewussten kommt. Die Theorie ist hier nur insofern wichtig, als sie uns einen Anker, einen Rahmen für unsere eigenen Erfahrungen bietet. Wir erleben es im Tanz selbst, wie etwas Neues entsteht. Verschiedene Ansätze und Ideen dazu helfen uns zum einen, das Erfahrene zu verstehen und einzuordnen, zum anderen geben Sie uns aber auch Hinweise, wie wir auf unserem eigenen Weg vorgehen können, welche Möglichkeiten es noch gibt, welche verschiedenen Wege wir nehmen können, um in eine tiefere Erfahrung mit uns selbst zu kommen. Für unseren Alltag ist es wichtig, dass wir einen Zugang finden, der zu uns passt, den wir weiter vertiefen und tatsächlich täglich in unser Leben integrieren wollen. Es hilft, wenn wir uns Gleichgesinnte suchen, doch es geht auch alleine. Besonders dann sind die verschiedenen Ansätze von besonderer Bedeutung: Damit haben wir einen gewissen Halt, eine Sicherheit, wenn wir selbst nicht mehr weiter wissen, die Motivation plötzlich fehlt oder wir unser eigenes Erleben nicht einordnen können.

Wenn Sie allein Zuhause üben: Nutzen Sie den Boden, die Wand etc., um eventuelle Grenzen zu erfahren. Unsere Peripherie erfahren wir ganz direkt, indem wir uns auf dem Boden rollen. Es ist ein Erfahren unserer Körpergrenzen, eine Massage von innen und außen aber auch die konkrete Erfahrung unserer Körperspannung: Wo gebe ich mehr Gewicht ab und wo weniger? Wo kann ich mich in mir gut spüren und wo halte ich fest? Über diese tiefere Ebene können wir unsere Landkarte noch einmal ganz neu – sozusagen von innen – erfahren. Uns im Raum orientieren zu können schafft Sicherheit und Halt. Wir orientieren uns in verschiedenen Raumebenen: Intimer Raum, persönlicher Raum, öffentlicher Raum (vgl. Waidelich, 2009, S. 9). Wie weit wage ich mich vor? Wie viel will ich in dem jeweiligen Raum zeigen? Wieviel von meiner inneren Landkarte bringe ich nach außen? Für uns ist es wichtig, unseren eigenen Weg zu finden und uns dabei immer wieder in unseren inneren und äußeren Räumen orientieren, in ihnen Halt und Struktur finden zu können. Hieraus können wir unser Eigenes entwickeln. Über diesen Austausch zwischen den Innen- und Außenräumen erlangen wir ein Seins- und Raumgefühl (vgl. Waidelich, 2009, S. 11). Wie bewege ich

mich, was will ich damit erreichen – all das hat mit uns, unserer Lebensgeschichte und unserem aktuellen in der Welt sein zu tun.

„Bewegung ist Leben und der Ursprung des Tanzes" (A. Halprin, 2000, S. 27).
Der Tanz als ganzheitliche Kunstform hilft uns dabei, uns ganzheitlich zu
verstehen. Mit tänzerischer Arbeit erschließen wir uns einen Zugang zu unserer Lebensgeschichte. Tanz ist dabei sowohl Medium des Körpers als auch
Ausdrucksinstrument. Wie wir es ganz zu Beginn in unserer Ausgangsübung
erspürt haben, ist es enorm wichtig, in unserem Körper heimisch zu sein. Im
Tanz geht es vor allem um den persönlichen Ausdruck: Welche Bewegungen
sind jetzt für mich wichtig? Was tut mir gut? (vgl. A. Halprin, 2000, S. 22ff).
*„Focusing ermöglicht dem Verstand zu erfassen, was wir mit dem Körper be-
reits wissen" (Moor, 2017, S. 155).*

Wie geht es jetzt weiter? Wie bleibe ich auf meinem Weg und weiter auf
diesem verankert? Woran kann ich mich orientieren?

Der wichtigste Ansatz ist, dass wir auf die uns innewohnende Körperweisheit hören. Focusing sowie der freie Tanz sind hier sehr gute Wege. Verbunden mit der analytischen Psychologie sowie der intensiven Körpererfahrung
bekommen sie eine Tiefe, die uns hilft, unsere Erfahrungen fest in uns zu
verankern. Dadurch können wir unsere inneren Erlebnisse mit dem realen
Leben verknüpfen. Selbsterkenntnis ist die Grundlage innerer Unabhängig-
keit (vgl. Moor, 2017, S. 39). Wichtig, um wirklich erwachsen und damit
selbstbestimmt zu leben, ist Selbsterkenntnis und Selbsterziehung (vgl. C. G.
Jung, 1971, §111). Moderner ausgedrückt meint C. G. Jung damit genau das,
was für uns auf unserem Weg immer wichtig ist: Selbsterfahrung und Reflexion. Es gibt keine einseitige Erklärung des „nichts als…" im Sinne von „ es

ist nichts als mein alter Familienkonflikt; nichts als die Nachwirkung meines Traumes..." (vgl. ebd.). Damit deckt sich C. G. Jung mit der Philosophie des Focusing: Es ist immer mehr, als wir auf den ersten Blick bewusst erfassen können. Vieles von dem, was unserer inneren Wahrheit entspricht, kann nicht in Worten ausgedrückt werden. Wir reagieren mit unserem Körper ganz direkt auf Veränderungen in unserem Umfeld, wobei unser Körper die für uns richtige Richtung zeigt (vgl. Moor, 2017, S. 123 u. 127).

Nur der Gedanke daran, dass es besser werden wird, gibt uns die Kraft, weiterzugehen – auch wenn der Weg im Moment noch so schwer ist. Die Vorstellung von einem Sinnzusammenhang lässt uns aus dem Chaos heraus die Zukunft gestalten (vgl. Hoffmann, 1993, S. 115).

Seien Sie sicher: Die für Sie richtigen Schritte ergeben sich aus Ihrem inneren Prozess. Sobald Sie innerlich frei sind, den Prozess sich entwickeln und Neues entstehen lassen, entstehen auch in Ihrem alltäglichen Leben neue Möglichkeiten. Vielleicht eröffnet sich Ihnen ein unerwartetes Angebot, die Qualität Ihres Familienlebens und somit auch Ihres Zusammenlebens ändert sich spürbar, weil sich Ihre eigene Beziehung zu sich und damit auch zu Ihren Familienmitgliedern geändert hat. Da es Ihr Weg ist, kann ich Ihnen meine Idee der Inneren Landkarte als Anregung mit auf den Weg geben, an der Sie sich orientieren können. Aber Ihre eigene Innere Landkarte müssen Sie selbst mit Leben füllen – mit Ihrem Leben, indem Sie Ihre Wege herausfinden, Sie gehen, ausprobieren und immer wieder für sich, das Neue und Unerwartete offen sind. Ich wünsche Ihnen viel Freude bei dem Entdecken und Gestalten Ihrer eigenen Inneren Landkarte.

Adler, J. (2012). Die Gabe des bewussten Körpers. Books on Demand.

Adler, J. (2018). Vom Sehen zum Wissen. In: Teigeler (Hrsg.) (2018). Ins Nichtwissen eintreten. Wiesbaden: Dr. Ludwig Reichert.

Bender, S. (2020). Grundlagen der Tanztherapie. Gießen: Psychosozial.

Brasch v., V. (1981). Der Schattenarchetyp in der Jungschen Typenlehre. In: Eschenbach, U. Die Behandlung in der Analytischen Psychologie II. Behandlung als menschliche Begegnung. Fellbach-Oeffiingen: Bonz.

Brooks, C. W. (1991). Erleben durch die Sinne. München: Deutscher Taschenbuch Verlag.

Cassou, M. (2012). Point Zero. Bielefeld: Kamphausen.

Cornell, A. W. (2013). Die Kunst des Annehmens. Norderstedt: Books on Demand.

Delakova, K. (1991). Das Geheimnis der Katze. Frankfurt: Brandes & Apsel.

Dieckmann, H. (1991). Gelebte Märchen. Zürich: Kreuz.

Dorst, B. (2007). Therapeutisches Arbeiten mit Symbolen. Stuttgart: Kohlhammer.

Eschenbach, U. (1996). *Der Ich-Komplex und sein Arbeitsteam.* Leinfelden-Echterdingen: Bonz.

Espenak, L. (1985). Tanztherapie. Dortmund: Sanduhr.

Gendlin, E. (1998). Focusing-orientierte Psychotherapie. München: Pfeiffer.

Gendlin, E. (2016). Focusing. Selbsthilfe bei der Lösung persönlicher Probleme. Reinbeck bei Hamburg: Rowohlt Taschenbuch Verlag.

Graham, M. (1992). Der Tanz – mein Leben. München: Wilhelm Heyne.

Halprin, A. (2000). Tanz, Ausdruck und Heilung. Essen: Synthesis.

Halprin, D. (2013). Was der Körper zu erzählen hat. München: Kieser.

Hartley, L. (2019). Einführung in Body-Mind Centering. Bern: Hogrefe.

Hepper, S. (2018). Beyond Form. Discipline of Authentic Movement und Taij Ji Do – Zwei Wege begegnen sich. In: Teigeler (Hrsg.) (2018). Ins Nichtwissen eintreten. Wiesbaden: Dr. Ludwig Reichert.

Hoffmann, K. (1993). Tanz und Trance. München: Kösel.

Hüther, G. (2015). Die Macht der inneren Bilder. Gottlngen: Vandenhoeck & Ruprecht.

Hüther, G. (2016). Biologie der Angst. Göttingen: Vandenhoeck & Ruprecht.

Hüther, G. (2016). Biologie der Angst. Göttingen: Vandenhoeck & Ruprecht.

Jacobi, J. (1957). Archetypus, Symbol, Komplex. Zürich: Rascher.

Jung, C. G. (1946/2006). Die Psychologie der Übertragung. In Gesammelte Werke Bd. 16 (S. 168 – 316). Düsseldorf: Walter.

Jung, C. G. (1991), Wandlungen und Symbole der Libido). München: Deutscher Taschenbuch Verlag.

Jung, C. G. (2005). Erinnerungen, Träume, Gedanken. Düsseldorf: Walter.

Jung, C. G. (2005). Erinnerungen, Träume, Gedanken. Düsseldorf: Walter.

Jung, C. G. (2006 / 1942). Psychotherapie und Weltanschauung in GW16. Düsseldorf: Walter.

Jung, C. G. (2006 / 1955). Grundsätzliches zur praktischen Psychotherapie in GW16. Düsseldorf: Walter.

Jung, C. G. (2011 / 1907). Über die Psychologie der Dementia Praecox: Ein Versuch in GW 3. Ostfildern: Patmos.

Jung, C. G. (2017 / 1934). Vom Werden der Persönlichkeit in GW 17. Ostfildern: Patmos.

Jung, C. G. (2017 / 1946). Analytische Psychologie und Erziehung in GW 17. Ostfildern: Patmos.

Jung, C. G. (2017 / 1946a). Der Begabte in GW 17. Ostfildern: Patmos.

Jung, C. G. (2017 / 1971). Die Bedeutung der analytischen Psychologie für die Erziehung in GW 17. Ostfildern: Patmos.

Jung, C. G. (2017 / 1971a). Der Bedeutung des Unbewussten für die individuelle Erziehung in GW 17. Ostfildern: Patmos.

Kast, V. (1980). Das Assoziationsexperiment in der therapeutischen Praxis. Fellbach-Oeffiingen: Bonz.

Kast, V. (1980). Das Assoziationsexperiment. Stuttgart: Bonz.

Kast, V. (1998). Vom gelingenden Leben. Zürich und Düsseldorf: Walter.

Kast, V. (2002). Wie eine Frau ihren Mann zurückgewinnt. Die Nixe im Teich. Stuttgart: Kreuz.

Kast, V. (2007). Die Tiefenpsychologie nach C. G. Jung. Stuttgart: Kreuz.

Kast, V. (2007). Die Tiefenpsychologie nach C. G. Jung. Stuttgart: Kreuz.

Kast, V. (2011). Was wirklich zählt, ist das gelebte Leben. Freiburg im Breisgau: Herder.

Knoll & Müller (1998). Ins Innere der Dinge schauen. Zürich / Düsseldorf: Walter.

Lavendel, F. (2018). Heilend Ganzheit erfahren. In: Teigeler (Hrsg.) (2018). Ins Nichtwissen eintreten. Wiesbaden: Dr. Ludwig Reichert.

Moor, E. (2017). Körperweisheit. Berlin: Goldegg.

Müller, L. und Müller, A. (Hrsg) (2008). Wörterbuch der analytischen Psychologie. Düsseldorf: Patmos.

Neumann, E. (1992). Die Psyche als Ort der Gestaltung. Frankfurt a. M.: Fischer.

Neumann, E. (1995). Der schöpferische Mensch. Frankfurt: Fischer.

Reichardt, A. (2017). „Carrying life forward. Zur Methode des Focusing im Kontext der analytischen Psychologie. Analytische Psychologie, 187(1), 140-159.

Reichelt, F. (1993). Atem, Tanz & Therapie. Frankfurt a. M.: Brandes & Apsel.

Reichelt, F. (1993). Atem, Tanz und Therapie. Frankfurt a. M.: Brandes & Apsel.

Reichelt, F. (2018). Aufbau der Mitte. Frankfurt a. M.: Brandes & Apsel.

Reichelt, F. (2018). Aufbau der Mitte: Morgenübungen und die Umkehr des Atems. Frankfurt a. M., Brandes & Apsel.

Renn, K. (2013). *Dein Körper sagt dir, wer du werden kannst.* Freiburg im Breisgau: Herder.

Renn, K. (2016). Magische Momente der Veränderung. Was Focusing bewirken kann. München: Kösel.

Riedel, I. (1985). Tabu im Märchen. Olten: Walter.

Riedel, I. und Henzler, C. (2008). Malen in der Gruppe. Stuttgart: Kreuz.

Schoop, T. (1981). Komm und tanz mit mir! Zürich: Hug & Co.

Storch et al (2006). Embodiment. Bern: Huber.

Stumm, G., Wiltschko, J. & Keil, W. W. (2003) (Hrsg.) Grundbegriffe der Personenzentrierten und Focusing-orientierten Psychotherapie und Beratung. Stuttgart: Pfeiffer bei Klett-Cotta.

Teigeler, A. (Hrsg.) (2018). Ins Nichtwissen eintreten. Wiesbaden: Dr. Ludwig Reichert.

Todd, M. (2017). Der Körper denkt mit. Bern: Hogrefe.

Vogel, R. & Dorst, B. (Hrsg.) (2014). Aktive Imagination. Stuttgart: Kohlhammer.

Vogel, R. T. (2008). C. G. Jung für die Praxis. Stuttgart: Kohlhammer.

Waidelich, H. (2009). Bewegungs- und tanztherapeutische Krisenintervention bei PatientInnen mit der Diagnose Persönlichkeitsstörungen. Eine Anwendung erweiterter Labankonzepte in der Psychotherapie. *DGT Heft 2009*.

Wiltschko, J. (Hrsg.) (2008). Focusing und Philosophie. Wien: Facultas.

Wiltschko, J. (Hrsg.) (2008). Focusing und Philosophie. Wien: Facultas.

Über Ihr Feedback, Anmerkungen und weitere Fragen freue ich mich. Ein Buch ist lebendig, wenn darüber diskutiert werden kann und neue Ideen hinzukommen.

Sie erreichen mich unter:

www.psychotherapie-danisch.de

kontakt@psychotherapie-danisch.de

Hier finden Sie auch alle aktuellen Termine und Angebote von mir und haben die Möglichkeit, mich und meine Arbeit ganz konkret kennenzulernen.

Ich freue mich, von Ihnen zu hören bzw. Sie bei mir begrüßen zu dürfen.